観光再生

a new concept of TOURISM INDUSTRY

サステナブルな地域をつくる
28のキーワード

Murayama Keisuke
村山慶輔［著］

プレジデント社

はじめに

東京オリンピックが延期になる――

2020年の年始、いよいよオリンピックイヤーが始まるというときに、このような事態になることを予測できた人がいただろうか。

原因となったのは、紛れもなく新型コロナウイルスである。この世界中で猛威をふるっている感染症は、私たちの生活に、移動制限や国境封鎖、ソーシャルディスタンス、衛生管理の徹底といった制約やルールを課した。その結果、あらゆる業界、業種に影響が及ぶこととなった。特に、観光業はかつてない打撃を受けている。

「いつ観光は戻るのか」「いつインバウンドは復活するのか」という質問をいただくことも多い。大枠で語ることはできても、正確なところは、誰にもわからない。

ワクチン開発やその普及、出入国規制の状況を日々追っていくほかない。もちろん、今後の計画を立てるために、いくつかのシナリオでシミュレーションすることも必要だろう。しかし、そのシナリオすら、簡単に覆る可能性がある。いまはそれほどの状況なのだ。

本書執筆時点では、政府による「Go Toトラベルキャンペーン」もあって国内旅行こそ少しずつ回復し始めてきたものの、一方の国際観光、つまり日本においてこの10年で大きく成長してきたインバウンド市場の回復には、UNWTO（国連世界観光機関）も指摘するとおり、かなりの時間を要するだろう。

ただ、はっきりといえることもある。今後も「観光」が人間にとっても社会にとっても大切なものであり続けることだ。それは個人でも地方でも日本でも世界でも変わらない。むしろ今回のコロナ禍で観光が制限されたことで、あらためて観光が欠かせないものであると感じている人は、少なくないはずだ。

加えて今回のコロナウイルスの発生前と後で、観光のかたちが変わることも間違いない。正しくいえば、ここ数年、徐々に変化してきた観光のトレンドが劇的な動きをみせ、観光客のニーズはもちろん、受け入れ側である観光地や地域社会・住民の意識は、元の状態に戻るのではなく、違うかたちで「再生」されるということだ。

地域や観光に携わる事業者は、その変化を俯瞰して見定め、対応していかなければならない。

キーワードとなるのは「サステナブル」だ。

知っている人は「何をいまさら」と思うかもしれない。知らない人は「また、よくわからない外来語を……」と思うかもしれない。

私自身、コンサルティング会社を経て、２００７年からインバウンド観光に特化した事業を展開してきたが、サステナブルすなわち持続可能な地域づくりというテーマは一貫して頭のなかにあったものの、コロナ発生後の現在ほど重要だとは考えていなかった。

しかし、いまは明確にこの概念が、観光庁の目指す「住んでよし、訪れてよし」の地域をつくるために、避けては通れないものであると確信している。

本文のなかでも詳しく触れるが、国内旅行を喚起している「Ｇｏ Ｔｏトラベルキャンペーン」はカンフル剤にすぎない。もちろん窮地に陥っている事業者をギリギリのところで救う効果はあるが、〝プラスオン〟の取り組みがなければサステナブルではない。

本書は、「いかにしてサステナブルな観光をつくっていくか」が命題であり、28のキーワードをもとに、私なりにそのヒントを紹介していきたいと思う。

東京オリンピック・パラリンピックで最高潮を迎えるはずだった2020年。

弊社では、率先して情報発信に取り組んできた。4月からは各分野で活躍するゲストを招いたオンラインセミナーを、週1回のペースで続けてきた。各回平均して400人の参加者が集い、累計では1万5000人以上の方にご視聴いただいた。観光に携わる方はもちろん、一般の方も含めていかにみなさんが情報を欲しているのかを肌で感じている。

同時に、外出制限が敷かれ、海外渡航ができなくなったコロナ禍において、このような取り組みは、世界中で活発に行われている。以前と比べ、各国の最新情報は得やすくなり、海外のメディアや専門家との情報交換も容易になっている。

そうしたなかで持続可能な地域をつくるには、観光を〝元に戻すこと〟ではなく、〝新しい観光に再生すること〟がいかに大切であるか感じているのは、私だけではないはずだ。

本書を通じて、一人でも多くのかたが「観光再生」への道を考え、実践し、その結果、日本や地域を元気にしていくことにつながればと切に願っている。

CONTENTS

第2章 「新技術」でネクスト・ステップへ進む

第3章 観光の新たな「トレンド」を捉え、対応する

第4章 「新戦略」で未来のニーズを先取りする

第1章

観光再生に欠かせない「サステナブル」という視点

a new concept of
TOURISM
INDUSTRY

#01

a new concept of TOURISM INDUSTRY

サステナブル・ツーリズム

観光は「手段」であって「目的」ではない

２００8年を起点に、日本は人口減少という前代未聞の社会変容が始まっている。２０２０年1月1日時点の「住民基本台帳」によれば、２０１９年に日本人住民は50万人減少したとされる（外国人住民は20万人増加）。50万人といえば、栃木県の県庁所在地である宇都宮市がまるっと消えるインパクトである。

さらに、15～64歳の生産年齢人口の割合は59・３％と過去最低、年間出生数も毎年のように過去最低を記録し、２０１９年には約86万人となった。

そのなかで、特に地方エリアにおいて、どう地域経済・社会を存続させていくか、どう持続的な地域づくりをしていくかという議論が活発になされてきている。

たとえば自治体による移住を促進するような人口政策・

施策がある。しかし、これは〝ゼロサムゲーム〟、すなわち地域同士の人口の奪い合いとなることが予測され、抜本的な問題解決にはなりづらい（もちろん子育て環境の整った地域への移住によって、合計特殊出生率が改善されるといった一定の効果は見込める）。

インバウンドを含めた観光は、こうした人口減少による地方存続の危機から抜けだすこと、つまりは経済の活性化に資することに加えて、雇用の創出や地域の魅力向上によって、交流人口や関係人口の増加を生み、その結果、地域の暮らしを豊かにするものとして全国各地で取り組まれてきたのである。

しかし、少しずつ観光による負の側面も出てきた。急速なインバウンド市場の増加によって、各地でオーバーツーリズムが発生したり、観光事業者や地域社会が経済的メリットを追求するあまり、「地域住民の暮らしを豊かにする」という視点を疎かにするという事態が起きてきたからだ。弊社のミッションは「インバウンドツーリズムを通じて、日本を元気にする」というものであるが、まさにこの言葉どおり、インバウンド（観光）はあくまで「手段」であって「目的」ではない。

加えて、2020年に入り、新型コロナウイルス感染症の発生により国際観光がほぼゼロになる事態が発生した。このパンデミックは観光のあり方を含め、人々の生活を根底から変えているといって差し支えないだろう。それも世界規模で。

そうした背景のなか、注目を浴びているのがサステナブル・ツーリズムである。本書は28の項目からなるが、サステナブル・ツーリズムという考え方はすべてに通底している。

地域社会や環境を守り、経済的にも持続可能であること

サステナブル・ツーリズムとは、日本語でいえば「持続可能な観光」という意味であるが、もう少し説明を加えるなら、「環境」「社会」「経済」の3つの観点において持続が可能な観光ということになる。

ＵＮＷＴＯは持続可能な観光について、「訪問客、業界、環境および訪問客を受け入れるコミュニティーのニーズに対応しつつ、現在および将来の経済、社会、環境への影響を十分に考慮する観光」と定義している。まさにいま、世界中で地域社会や環境を守りつつ、経済的にも持続可能な観光地づくりが進められているのである。

出典：ウェブサイト「TOURISM FOR SDGs」

サステナブル（持続可能）という言葉を聞いて、ピンと来た人も多いと思うが、この考え方が広まる契機となったのはＳＤＧｓだ。２０１５年に国連で採択されたＳＤＧｓ

(Sustainable Development Goals)は、日本語では「持続可能な開発目標」という言葉で知られ、17のゴールと169のターゲット、232の指標があり、2030年までに目標を達成することが掲げられている。日本でも地方創生(まち・ひと・しごと創生総合戦略)を進めるうえでの原動力としてSDGsを位置づけるなど、広い分野で活用されている。

世界基準を目指すための「日本版持続可能な観光ガイドライン」とは?

さらに、2020年6月には、観光庁とUNWTO駐日事務所が「日本版持続可能な観光ガイドライン」を共同で発行した。Japan Sustainable Tourism Standard for Destinationsの頭文字を取って、JSTS－Dと呼ばれるそれは、2007年に発足したGSTCの観光指標(GSTC－D)をベースにつくられている。

GSTCとはGlobal Sustainable Tourism Council(グローバル・サステナブル・ツーリズム協議会)の略であるが、国連の機関や公共、民間、NGOの各セクターなど、観光に関わる150以上の団体が参画している機関である。

同協議会が開発したGSTC－Dは、世界で唯一UNWTOの指示のもとにつくられた指標で、持続可能な観光についての共通理解を提供するために設定されたものである。

観光に関わるすべての地域が目指す必須の基準であるとされ、「持続可能なマネジメント」「社会経済的影響」「文化的影響」「環境への影響」の4分野からなり、合計38の大項目、174の小項目がある。

GSTCに認められている指標としては、オランダ発の「Green Destinations（デスティネーション＝目的地が対象）」や「Travelife（ツアーオペレーターが対象）」のほか、オーストラリア発の「EARTH CHECK（デスティネーション、ツアーオペレーター、宿泊施設が対象）」などがあるが、こうした先行する世界の動きに呼応するように、日本でも「日本版持続可能な観光ガイドライン」が、観光庁とUNWTO駐日事務所によって共同発行されたわけだ。ちなみにTravelifeは、一般社団法人JARTAと業務提携をし、日本の旅行会社やツアーオペレーターにおける持続可能性の向上を目指し、さまざまなことを実施している。

「JSTS－D」には次のように書かれている。

「指標に基づいた取組を進めることにより、GSTC－Dと連携した国際的な認証団体（グリーン・デスティネーションズ、アースチェック等）から表彰や認証を受けることで、優良な旅行者をさらに呼び込むためのプロモーションツールになり得る。

これらの認証団体が行う認証制度の審査基準はＧＳＴＣ－Ｄを基本としているため、ＧＳＴＣ－Ｄに基づいて開発された『日本版持続可能な観光ガイドライン（ＪＳＴＳ－Ｄ）』に取り組むことは、こうした表彰や認証の取得に向けた取組を行うことと同義である」

このＪＳＴＳ－Ｄに向けた政府主導の検討会にも参加していた株式会社キャニオンズの代表であるマイク・ハリス氏は、「まずはみんなで、サステナブルとはなにかを勉強することが大事」と語っていたが、まさにそのための道しるべがＪＳＴＳ－Ｄであり、この150ページを超す大作を活用しない手はない。具体的な事例は、同ガイドラインの「付録6　持続可能な観光の実現に向けた先進事例集」にも詳しいので、参考にしてほしい。

Green Destinationsのブロンズ賞を取得した岩手・釜石の取り組み

岩手県の釜石市は、先の「Green Destinations」による認証制度において2019年にブロンズ賞を取得した日本で最もサステナブル・ツーリズムが進んでいる地域の1つである。2018年からは、「世界の持続可能な観光地100選」にも選ばれている。

釜石の地域ＤＭＯ（Destination Management Organization ＝観光地域づくりを行う法人）である株式会社かまいしＤＭＣ（Destination Management Company）によれば、特に評価され

たのは、「釜石市観光振興ビジョンを策定し、持続可能な観光地への取り組みを行うことが記載されていること」「世界遺産登録された『橋野鉄鉱山』や三陸ジオパーク等の多くの文化財の保護や管理を行っていること」「郷土芸能が数多く伝承され、団体活動を含む保護も図られていること」の3つだという。

釜石市のように、国際的な認証を得ることは、特に環境意識が高い欧米豪からの観光客への訴求力をあげられる。将来的には、西洋文化から影響を受けることの多いアジアの市場から選ばれる可能性も高まるだろう。このアジアの国際観光市場は、これからの10年で大きく成長することが期待されてもいる。

ちなみに、先に挙げたGreen Destinationsの2020年版「世界の持続可能な観光地100選」では、釜石市のほか、京都市、三浦半島（神奈川県）、ニセコ町（北海道）、沖縄県、白川村（岐阜県）も選ばれたことが同年10月にリリースされている。

フィンランド政府観光局が取り組む「サステナブル・フィンランド」

サステナブル・ツーリズムを推進する具体的な取り組みについては、次項以降も適宜、触れるが、ここでは２０１８年から取り組むフィンランドの例を紹介する。

北欧にある人口約５００万人の国・フィンランドは、同国のブランド力向上と旅行者の誘致のためのマーケティング活動を行う「Visit Finland（フィンランド政府観光局）」を中心に、「サステナブル・フィンランド」を推進している。受け入れ（地域・事業者）側のエコロジカルな配慮を促進するだけでなく、旅行者側にその地域に住む人々の文化や環境を尊重する配慮を求める取り組みである。フィンランド政府観光局がインターネット上に掲げた「サステナブル誓約（SUSTAINABLE FINLAND PLEDGE）」への賛同を求める運動や旅行者向けに「フィンランドでサステナブルな旅をするための10のヒント（10 Sustainable Travel Tips in Finland）」を公開したりしている。後者は次の通りである。

「身軽に旅する」
「ハイシーズンを避けて、より長期間滞在する」
「公共交通機関を利用する」
「地元の人たちを尊重する」

出典：ウェブサイト「VISIT FINLAND」

「地元の食、デザイン、工芸品に親しむ」

「自然享受権」

「リサイクル」

「水道水を飲む」

「ベジタリアン食を食べてみる」

「フィンランド人のように生活を楽しみましょう！」


こうしたフィンランドの取り組みの背景について、元フィンランド政府観光局日本局長で、現在は株式会社フォーサイト・マーケティングでCEOを務める能登重好氏は、「ヨーロッパの旅行業界ではサステナブルな取り組みをしていないベンダーとは取引しないという姿勢が顕著で、ビジネスの土俵に立つために欠かせなくなっています」と話す。受け入れ側、すなわち地域や事業者の意向や事情というよりも、マーケットインつまり旅行者（市場）側のニーズを考えたときに、サステナブルな視点が不可欠ということだ。

サステナブルへの興味関心はコロナ禍で加速した

弊社やまとごころでは、２０２０年8月24～31日に、数多くの観光事業者や自治体関係者などに対し、読者アンケートを実施した。約600名から回答を得たが、その結果、いまいちばん知りたいテーマとして「サステナブル・ツーリズム」があがった。コロナ禍によって、受け入れ側においても持続可能性への興味関心が加速しているといえる。

これまで、日本のインバウンド政策においては、数や消費額が重視されてきた。繰り返しになるが、そのなかで観光客が集中するエリアで、地域住民の生活や自然環境へ悪影響を与える事例が出てきた。

したがって、地域にとっても、事業者にとっても、その地域の観光資源で継続して稼いでいくためには、サステナブル・ツーリズムへの取り組みが不可欠である。

加えて、サステナブル・ツーリズムの考え方は、コロナ禍におけるニューノーマルな旅のキーワードだといわれている「開放的」「少人数」「清潔」との親和性も高い。

非常に困難な状況に直面している事業者や地域も少なくないことから、適切な言い方ではないかもしれないが、このコロナ禍におけるピンチをチャンスと捉え、これまでの観光のあり方、地域のあり方をより持続可能なものへと舵を切ることが、ウィズコロナやアフターコロナにおける「住んでよし、訪れてよし」を成功させる秘訣であり、ひいては豊かな地域づくりにつながっていくのである。

#02

a new concept of TOURISM INDUSTRY

リジェネラティブ・トラベル

「環境に優しい」ではなく「環境をよくする」という考え方

サステナブル・ツーリズムは、既に10年以上にわたって検討され、世界各地で実行されてきたものであるが、2020年になってコロナ禍が発生したことにより、サステナブルを超えるリジェネラティブ・トラベル、すなわち「再生可能な旅（regenerative travel)」が必要だと語る識者も出てきている。

異常なほどのスピードで成長した国際観光は、パンデミックによって後退を強いられているが、いくつかの地域では、アフターコロナに向けて、これまでよりも環境に優しく、よりスマートで、より混雑の少ない観光のかたちを計画している。

サステナブル・ツーリズムが、旅行に伴う社会的・環境的影響を相殺することを目的としたものであるならば、リジェネラティブ・トラベルはその場所を以前より良くする観光であるという考え方で、世界では先進的な取り組みが少しずつ芽吹いてきている。

「新しい関係のなかで継続的に生きるための能力を再生させること」

「サステナブル・ツーリズムは現状維持。つまるところ観光地をめちゃくちゃにしないことにすぎない」と『ニューヨーク・タイムズ』に対して語っているのは、サステナブル・ツーリズムやレスポンシブル・トラベルに深い造詣を持つ、アメリカ・インディアナ州パデュー大学の准教授Jonathon Day氏である。

リジェネラティブ・トラベルの原点は、アメリカグリーンビルディング協会のLEED（Leadership in Energy and Environmental Design）という世界標準の環境評価ツールの1つにある。LEEDのコンセプトは、土壌の回復と炭素の回収を目的とした再生農業をはじめ、多くの分野に応用されているという。

マサチューセッツ州とニューメキシコ州に拠点を置き、1995年から観光プロジェクトを含む再生デザインを実践している設計事務所、リジェネシス・グループを率いる建築家のBill Reed氏も、Day氏の意見と同様に、「一般的に今日実践されているようなサステナブルとは、劣化を遅らせること」と述べている。

同氏は、燃料効率の向上やエネルギー使用量の削減といったサステナブルに関する取り組みについて「ゆっくりとした死に方だ」と表現し、リジェネラティブについては「新しい関係のなかで継続的に生きていくための能力を回復させ、再生させること」と指摘する。

リジェネラティブ・トラベルへの取り組みは、多くの旅行が中断されているコロナ禍において、停滞を余儀なくされているが、むしろコロナ禍が発生したことによって、その話題性は増している。

実際CREST（Center for Responsible Travel）やSTI（Sustainable Travel International）を含む6つのNPO（非営利団体）が「より良い明日を築く」ことをミッションに据える「Future of Tourism Coalition」を結成している。そこには、前項で言及したオランダ発のGreen Destinationsが名を連ね、アドバイザーにはGSTCの名前もある。

「Future of Tourism Coalition」の創設時の署名には、Gアドベンチャーズなどのツアーオペレーターや INTREPID などのツアー会社のほか、本書でも後ほど登場するパラオ観光局や、長年にわたり国を挙げてエコツーリズムに取り組むブータン観光協議会なども加わり、「公正な所得分配」「量より質を選ぶ」「サステナビリティに関する基準を活用する」「経済的な成功を再定義する」などの13の原則にサインしている。

宿泊料に加算される2%のフィーを地域社会に還元する「Playa Viva」

Reed氏率いるリジェネシスグループが携わったプロジェクトに、メキシコの（映画『ショーシャンクの空に』のラストシーンでも知られる）シワタネホの南、太平洋岸にある小さなリゾート地「プラヤ・ビバ（Playa Viva）」の開発がある。プラヤ・ビバは、壮大なメキシコの生態系の恵みを享受できる、ツリーハウスなど12のエコラグジュアリーな部屋を有するブティックリゾートだ。

出典：ウェブサイト「Playa Viva」

２００９年にオープンしたこの東京ドーム30個分以上の敷地を持つリゾートでは、ビーチ、鳥が集う河口、古代遺跡のみならず、カメの密猟や村の貧しい学校の問題などにコミットメント（積極的関与）することで、サステナブルを超えたリジェネラティブな活動を実行している。

プラヤ・ビバは地元コミュニティのリーダー的存在となって有機農業システムの構築や廃棄

物削減プログラムなどを実行することで、土地と地元住民の両方に恩恵をもたらし、さらに宿泊料に加算される2％のフィーが地域社会の発展にも使われている。

プラヤ・ビバは、炭素使用量、従業員の福利厚生、魅力的なアクティビティ、地元食品の調達などについて、厳格な基準で審査する旅行代理店「Regenerative Travel」に加盟している数少ないリゾートの1つである。

なお、「Regenerative Travel」のアジアカテゴリーには、スリランカの「Tri Lanka」やネパールの「Tharu Lodge」、カンボジアの「Shinta Mani Wild」など12の施設が掲載されているが、2020年10月の執筆時点で、日本からのエントリーはゼロである。

フェアトレードやカーボンフットプリントといった考え方もある

リジェネラティブ・トラベルは、事業者が環境や地域社会から奪うこと以上に、与えることを求めるコンセプトである。

ただし、そのコンセプトにおいて旅行者は蚊帳の外にいるわけではない。奪うこと以上に与えるためにはお金がかかるからだ。その費用を誰が払うかといえば、ほかでもない旅行者である。そのことを意識しなければ、リジェネラティブ・トラベルは成功しない。

消費者が従来の取引のものよりも、フェアトレード（公正取引）で届いたコーヒーを飲むことに喜びと満足感が得られるように、旅行においても社会的な意義や誰から買うかといったことに対して、非常に敏感になってきているということだ。

カーボンフットプリントという考え方も広まっている。炭素の足跡と訳されるそれは、あらゆる商品の原材料の調達から廃棄、リサイクルされるまでの間に排出される二酸化炭素排出量をわかりやすく示したものだ。当然、商品のなかには観光（旅行）も含まれる。

今般のコロナ禍によって、マイクロツーリズムと呼ばれることもある、より移動の少ないローカル旅行にスポットライトが当たっているが、そうした車や電車、自転車、徒歩といったスローな移動手段を用いた旅行は、アフターコロナにおいても一定の支持を得られるだろう。その旅行によって、「どれだけの二酸化炭素が排出されるのか」ということにまで思いを巡らせる人が増えてくるからだ。

いずれにしても、リジェネラティブ・トラベルはサステナブル・ツーリズムをより進化させたものとして、アフターコロナの時代にその存在感を強めていくと予想される。

03

a new concept of TOURISM INDUSTRY

地域教育とシビックプライド

シビックプライドを醸成する「地域教育」とは？

近年、シビックプライド（civic pride）という言葉が注目されている。〝地域住民が、自分たちの住むまちに対して抱く誇りや愛着〟という意味を持ち、住民に「地域をより良くするための積極的関与」を促すものだ。

シビックプライドについては、自然発生的に芽生えることを期待しつつも、意図的に育むための取り組みも必要になる。その1つの手法が「地域教育」である。本項では、ウィズコロナ時代の観光にも欠かせないシビックプライドを醸成する地域教育について、国内外の事例とともに、そのポイントをおさえていきたい。

重要性が増す観光文脈のインナーブランディング

シビックプライドは、直訳すると〝市民の誇り〟であるが、企業でいうところのインナーブランディングに近い。従業員に対し、自身が勤める会社への愛着やサービスへの理解を高めることで、仕事への意欲やサービスの質の向上を目指す考え方だ。

わかりやすいのはスターバックスだ。飲食業界のなかでいち早く行ったコロナ禍における店舗対応でも高い評価を受けた同社は、パートナーと呼ばれるスタッフがいきいきと働いている。時給や勤務内容といった労働条件がそこまで変わらない同業他社と比べても、その差は歴然だが、最大の違いはスタッフのお店に対する〝愛情〟である。

それを促進するのが、同社で積極的に行われている充実した社員研修やスタッフ同士を認め合うGAB（グリーンエプロンブック）カードといった、インナーブランディングである。

こうした考え方は、観光分野にも置き換えられるが、重要なのはインナー（Inner）の範疇が観光事業者だけに留まらない点である。なぜなら近年の観光客（とりわけインバウンドのような遠方からの訪問者）は、いわゆる〝コト消費〟の発展に伴って、地域における市井の人々の暮らしぶりにも価値を見出しているからだ。

『DMOのプレイス・ブランディング　観光デスティネーションのつくり方』（学芸出版

シビックプライド醸成のキャンペーンを長年にわたり行うオランダ・アムステルダム

社）には、次のような記述がある。

「住民が自分たちの地域に誇りを持つようになると、地域での暮らしを楽しむ気持ちや、地域を応援しようという機運にもつながる。それに伴い、来訪者に対しても、ブランド価値を踏まえた振る舞いや応対ができるようになる」

地域住民がいきいきと暮らし、訪問者を笑顔で受け入れれば、当然ながらそのエリアでの観光客の満足度は高まっていくということだ。

たとえば自身が観光客としてハワイを訪れたときのことを考えてみよう。地域住民が暗い顔で過ごしていたら、リゾート気分が半減することは想像に難くないはずだ。

意見を押し付けるのではなく、意見を引きだすことが大事

シビックプライドを育むために最も有効な手段の1つが「地域教育」である。

地域教育とは、老若男女を問わず広く地域住民に対して、「地域が持つ魅力とはなにか」「地域が現在抱える課題と、その解決策はなにか」といったことを考える場をつくること、と私は考えている。そうした地域教育の場では、活発なコミュニケーションがなされることに加え、いくつかは実際のアクション（施策）へとつなげていくことも求められる。

地域教育のポイントは、答えを押し付けないことにもある。参加者が主体的に考え、自ら気づくこと、発想すること、そして具体的な行動へと移していくことが重要だからだ。

先に書いたスターバックスの例をあげてみよう。よく知られているように、同社にはほとんど接客マニュアルがない。同社の理念体系を伝えたうえで、スタッフに考えさせることと、すなわち主体性を重んじるからこそ、真の意味での自店舗への愛情や誇りが生まれているのだ。

地域やエリアによって魅力は異なり、どこにシビックプライドを求めるかは千差万別だ。したがって、可能な限りフラットな目線で、いまを生きる地域住民や子どもたちから主体

的な考えを引きだすことが、地域教育に求められる。

●コーディネーターの存在が地域教育の質を左右する

しかしながらまっさらな状態で、「地域が持つ魅力とはなにかを考えてみましょう」といわれても、具体的に応えが出せない人がほとんどであろう。特に地域教育における最大の対象者ともいえる学生（子どもたち）にとっては、何らかの考えるヒントやきっかけが必要だ。そこで重要なのが「コーディネーター」の存在である。

高校における地域教育を推し進めている島根県では、以下の5つの役割を持つ「高校魅力化コーディネーター」を確保し、教育現場で活用している。

1　高校と地域社会（行政、企業、NPO等）の協働体制づくり
2　地域社会に開かれたカリキュラムづくり
3　地域社会での学習環境・学習機会づくり
4　新たな人の流れと多様性ある教育環境づくり
5　魅力ある高校づくりに向けた社会資源を活用した基盤づくり

ソーシャル・デザインが専門の筧裕《かけい》介氏も、著書『持続可能な地域のつくり方』(英治出版)のなかで、「〝かっこいい大人〟との出会いの重要性」について次のように説いている。

「身近な友人の数以上に、『大人』の存在が学習意欲を高めるカギを握っている。(中略)地域で魅力的な仕事をしている人はたくさんいるが、コミュニティの弱体化で出会う機会が減っている」

コーディネーターに求められる役割は主に調整であるが、司会役だけでなくシビックプライドをもって地域の魅力を高めているような人を地域教育の場に呼ぶ役割も担う。

特に、急速に少子高齢化が進む過疎地域では、進学や就職を機に都市部へ出ていき、そのまま戻らない人が多い。一方、地元に残って働く人も、その多くが「将来性がない」「儲からないからやめておけ」と悲観的な発言をする。

観光客増や人口増、文化の再興を実現している島根・隠岐の取り組み

地域教育では、こうした負の面ではなく、良い面を見せることが欠かせない。具体的には、今の地域のあり方に危機感を持ち、その魅力を引きだそうと事業を行う人がいること

を教えたり、その仕事の魅力を直接学生たちに伝えたりしてもらうことで考えるヒントをもたらすといった方法が挙げられる。

先進的な取り組みを行っているとして、全国的に知られている島根県立隠岐島前《どうぜん》高等学校では、2008年より地域教育を柱の1つとした「隠岐島前教育魅力化プロジェクト」が行われている。

同プロジェクトのサイトによれば、「山積する地域課題にチームで協働的に取り組む課題解決型の探究学習の構築、学校・地域連携型公立塾『隠岐國学習センター』の設立など様々な取組を進めてきました」とある。その結果、観光客数は2008年から2015年にかけて30％増え、人口も増加に転じ、地域の祭りで神輿が復活するといった文化的な効果も出ているという。

さらに「『いつかこの島に戻ってきたい』と言う生徒も現われはじめています。学校や地域が魅力的になると、地域に子どもが留まり、若者が流入する。そして未来の担い手が増えることで、地域の文化・産業が継続・発展する。最終的には、それが更なる魅力につながり、好循環を生み出すことになったのです」とある。

このように、地域教育は中長期的な視点で地域の魅力を高める効果を持つといえる。

とりわけ学生に対する学習の場に、地域特有のものを取り込むことは、地域活性のためのよい循環をつくることにつながる。

中学生による「八幡平ボランティアガイド」とは？

次に、義務教育下で行われている観光を強く意識した地域教育の事例を紹介しよう。

十和田八幡平《とわだはちまんたい》国立公園の南部に位置し、人口約3万人の秋田県鹿角《かづの》市にある、鹿角市立八幡平中学校では、2012年より観光教育を行っている。「八幡平ボランティアガイド」と呼ばれ、当初は中学3年生が対象だったが、現在は総合的な学習の時間を利用し、全校生徒が参加している。

人口減少が著しい秋田県は、子どもたちにふるさとの良い面を理解してもらい、ふるさとに残る子どもや戻ってくる子どもを増やすため、「ふるさと・キャリア教育」を行っており、同授業はその一環であるという。

その目的として、以下の3つを挙げている。

・観光教育を通じて地域への理解を深め、地域に対する愛着を醸成する
・観光教育を通じて、地域の社会課題について考え、解決する能力を育成する
・その他（愛着をもって、将来、地元で働く人材を育成する）

授業は、座学によって地域のことを学んだのち、校内や現地でガイドの練習を行い、専門家による助言を受けつつ、実際に国立公園内にあるコースで観光客に対するガイドを行うというものである。

ポイントは、教員や秋田県、鹿角市といった行政だけでなく、国立公園を管理する環境省や地域の山岳部、保護者など、多彩な関係者が連携していることである。こうした地域の魅力を守る大人たちを身近に感じることは、地域教育の最たるメリットといえる。

ときにタブレットを用いながら、外国語対応も行うというこの授業は、2015年には文部科学省も後援する「こころを育む総合フォーラム」による「こころを育む活動」の全国大賞を受賞している。

巡礼路で有名なスペイン・ガリシア州で行われている地域教育

似たような取り組みは、海外でも見られる。世界（文化）遺産にもなっている「サンティアゴ・デ・コンポステーラの巡礼路」の最終目的地サンティアゴ・デ・コンポステーラを州都に持つスペイン・ガリシア州では、「Proxecto Terra」と呼ばれる教育プロジェクトが2000年ごろから続けられている。

同プロジェクトは、ガリシア建築家協会による公式のプログラムで、ガリシア州政府と他の団体の資金援助を受けて、教育界との協働から生まれたものである。幼児教育から高校に至るまでの間に、ガリシア地方が持つユニークな建築や景観を軸に、自分たちの住む土地の人々、空間、場所について教える取り組みだ。

「景観と建築について学ぶことは、コミュニティとして私たちが、どのように住む空間を構築してきたかを知ることである。未来設計のために過去から学び、この継承された建築遺産の管理に責任を持ち、知恵をもって管理し、寛大さをもって引き継いでいくこと」という考えに基づく。

この教育プロジェクトから得られる重要な示唆は、なにが正しく、なにが間違っているのかを指摘するのではなく、自分を取り巻く環境でなにが起きているのか、自分の住む場所がどのような役割を果たしているのかを観察、比較し、自分自身で読み取るように生徒を導くことを重視しているところにある。

開始以来、さまざまな機関・組織が参加し、目的を共有してきた同プロジェクトは

2010年にスペインの「全国都市計画賞」を受賞している。同賞の審査員が「地域と建築物の持続可能な開発モデルの変革のために不可欠なリソースである」と言及したように、まさに地域の魅力を維持するためには、地域教育が欠かせないことを端的に表している。

市民の協力を得るための「バルセロナ+サステナブル・マップ」とは？

地域教育は、オーバーツーリズムの緩和にも資するのではないか。そのような仮説をもって、市民や企業、団体、行政が協力して、さまざまな施策に取り組むのが世界的な観光都市バルセロナだ。

よく知られているように、バルセロナの住民たちは、肥大化した観光ビジネスに対して不満を抱いている人が少なくなく、「バルセロナ市は観光客を歓迎し、地域住民を歓迎していない」「観光客は家に帰ってくれ」といった主張の観光客排斥活動にも発展している。

そうしたなか、バルセロナではさまざまなアプローチで地域教育を行っており、そのうちの1つが「バルセロナ+サステナブル・マップ」である。

持続可能な都市を目指すエージェントが開発したこのシステムは市民や企業、団体、行政が共同で作成するインタラクティブ（双方向性の）なマップで、グリーンエコノミー（環境に優しい経済）、都市環境の改善、あらゆる人に公平な社会構造の構築、コミュニティと近隣組織の充実などに貢献するサービスや取り組みを紹介するものだ。

ワークショップなどを通じて市民からの協力を得ながら構築しているこのツールには、具体的に、環境施設、エコショップ、電気自動車の充電ポイント、市内のルートや野生動物の保護区などの情報が集約されている。

端的にいえば、「サステナブルな都市になるために、バルセロナで行われていることを市民が知ることができるポータルシステム」というわけである。

加えて、「バルセロナ＋サステナブル・マップ」は、ソーシャル・ネットワークとして機能するウェブサイトとモバイル（スマホ）アプリケーションを通じて、ショップや宿泊施設、旅程などの実用的な情報を提供し、市民自身がストーリーや写真、アクティビティなどの情報を追加することができるというインタラクティブな仕様となっている。

そもそも「バルセロナ＋サステナブル・マップ」は、「Compromiso Ciudadano por la Sostenibilidad（持続可能性への市民の約束）」という文書をうけて作成されたものである。この文書は、1992年にリオ・デ・ジャネイロで開催された地球サミットで採択された、

21世紀に向け持続可能な開発を実現するために実行すべき行動計画「アジェンダ21」を具体化したものである。

同文書の作成にあたっては、800以上の組織が関与（署名）しているため、共通の目標達成に向けて、企業、市民団体、財団、大学、自治体・行政などが一枚岩になれる土台ができているといえる。

同マップは教育の現場で利用されることも想定している。

たとえば環境に関する活動を授業などで実践する際には、学生たちが実際にマッピングを行ったり、既に地図上で配置されているものに情報を加えたりすることができる。

本プロジェクトのコーディネーターであり、バルセロナ市役所のサステナブル戦略、文化監督協力者であるイルマ・ベンタヨル氏は、ウェブメディア「EL PAÍS」のなかで、「より多くの企業や団体がこのマップに参加し、協力したいと思えば思うほど、バルセロナのサステナブル文化を前進させることができる」と語っている。

ウィズコロナの時代こそ、地域教育が欠かせない

新型コロナウイルスは、地域住民を2つに分断している。経済活動をしたい人、すなわち観光客に来てほしい人と、感染のリスクを少しでも小さくしたい人、つまり観光客に来

てほしくない人である。両者の意見は真っ二つに分かれているケースが少なくない。

また、今般のウイルスが蔓延する以前であっても、オーバーツーリズムが発生していたような人気の観光地では、住民と観光関連業者との間に、軋轢《あつれき》が生まれていた。原因こそ異なれども、その縮図は驚くほど似ていると私は感じている。重要な点は、どちらが正しくて、どちらが間違っているのかという話ではないことだ。

地域としてどうありたいかが最重要課題であり、もっと具体的にいえば、地域住民がいまよりも幸せな暮らしを手に入れるにはどうすべきかを、地域のあらゆるステークホルダー（利害関係者）が考え、一歩ずつ、みんなで歩んでいくほかない。

そこでカギとなるのが、本項で詳述してきた「地域教育」である。地域教育によって育まれる「シビックプライド」や「地域に当事者として向き合い、考えを述べる力」を地域住民が土台として持っていなければ、一向にその議論に光明は見えてこない。

地域教育がきちんと行われ、地域住民がシビックプライドを持ち、地域をより良くしたいと考えている地域であれば、その議論は大いに有意義なものとなり、確実に一歩ずつ前進していけることだろう。

#04

a new concept of TOURISM INDUSTRY

コミュニティ・ツーリズム

地域住民主体の観光開発

シビックプライドや地域教育に関連するのが、地域の文化的な遺産や手付かずの自然などを活用するコミュニティ・ツーリズムである。

ここでは、国内外のコミュニティ・ツーリズムを紹介し、地域教育におけるシビックプライドや地域に当事者として向き合い、考えを述べる力の重要性についてさらなる考察をしていきたい。

日本の里山エリアを中心に、注目されているコミュニティ・ツーリズムはCBT（Community Based Tourism）とも呼ばれる。文化的な遺産や手付かずの自然が残るエリアなどにおける、地域住民が主体となった観光開発である。

地域に残るありのままの暮らしや風習が観光コンテンツ

となるため、新たに大きな投資をする必要がない。したがって、地域住民が主体となった持続可能な社会経済システムを構築できると考えられている。

一方で、問題は地域住民が「観光」という視点を会得する機会が少ないことである。魅力的な観光コンテンツがあるならば、観光事業者が主体となって開発を行えばいいのではと考える人もいるだろうが、そうした場合、地域住民の一部のみが利益を享受するシステムに陥りがちであることが指摘されている。すなわちコミュニティ全体への還元がないゆえ、結果として住民の分断やオーバーユースといった社会の歪へとつながるのである。そこで求められるのが、利益至上主義に走らない組織による地域教育であり、観光の視点を地域住民にもたらす動きである。

具体的な例で見てみよう。

存続の危機から脱した兵庫県丹波篠山の集落丸山

兵庫県丹波篠山《たんばささやま》市を拠点にNIPPONIA（ニッポニア）という取り組みを進める一般社団法人ノオトならびに株式会社NOTEがある。NIPPONIAとは、拙著『インバウンド対応実践講座』（翔泳社）でも言及した、古民家を活用した地域再生の活動である。

NIPPONIAは2020年現在、全国各地に活動を広げているが、彼らの原点となっている集落丸山でのプロジェクトを紹介する。

丹波篠山市の市街地から始まる県道544号を自動車で10分あまり北上すると見えてくる集落丸山は、12戸のうち7戸が空き家となり、集落（コミュニティ）の存続が危ぶまれる状態だった。2008年のことだ。

そこで、当時ノオトの代表を務めていた金野幸雄氏とNOTEの代表を務める藤原岳史氏らは、集落の住民を巻き込み、ワークショップや勉強会を行った。半年で計14回、コミュニティ再生にあたってのビジョンづくりから始まり、どうすれば集落を未来へと引き継いでいけるかという方法や体制づくりを話し合うだけでなく、専門知識を有する研究者や行政の若手有志、大学生といったメンバーが、住民たちと膝を突き合わせた。

その結果、半ば集落の存続に諦めを抱いていた地域住民は、コミュニティ存続のために、空き家を活用した事業をすることを決意。

具体的には、地域住民で設立したNPO法人が予約の受け付けと接客サービスを担い、一般社団法人ノオトが事業戦略・運営をサポートするかたちで、宿泊施設ならびに地域の食材を利用したフレンチレストランを運営している。

地域住民の協力が欠かせないこうした取り組みは、当然ながらコミュニティを構成する

集落丸山では空き家だった古民家を宿泊施設に利用している

住民たちからの理解がなければ成り立たない。そうした意味で、後述するエクアドルでの農村の事例と同じく、外部の知見を持った組織（人）による地域教育あるいは啓蒙活動が欠かせない。

実際、集落丸山で同プロジェクトが始まった時点で自治会長を務めていた現・NPO法人集落丸山の代表は、ウェブメディア『未来開墾ビジネスファーム』のなかで、「集落の住人の中には逃げだしたい気持ちがどこかにあったけれども、郷土愛を育んでもらえたというか、よそにはないものを自分たちで磨いていこうという気持ちになった」と振り返っている。

収益を村全体に分配しているエクアドルの農村

日本の里山に限らず、農村部で生活することの難しさは、世界的に取りざたされている。特に途上国の場合、農村部と都市部の経済格差が大きく、経済的に恵まれない地域の若者が、大都市へと出稼ぎに行く傾向が強い。

もちろん一概に出稼ぎが悪いことだとはいえない。しかし、高等教育の機会に恵まれていない農村出身者が大都市で就ける仕事は限定される。体力的・精神的に厳しい仕事であることも多く、持続可能な働き方とはいえないケースもある。加えて、大都市では住宅費や食費といった出費もかさむ。

一方、農村には自給的農業や持ち家といった生活基盤があり、稼ぐ金額が大都市よりも少なかったとしても、大都市で暮らすより高い生活水準を保つことができる場合も多い。とはいえ農村での暮らしにも一定の収入は必要であり、それをいかにして稼ぐかが大きな課題であり、その1つの解がコミュニティ・ツーリズムにあるのだ。

スペイン語で「赤道」を意味する南米大陸の国、エクアドルの中央に位置するチンボラソ県ラ・エスペランサ村（La Esperanza）は、1998〜99年に訪れた金融危機によって深刻なダメージを受けた農村の1つである。

ラ・エスペランサ村の地域経済は非常に不安定な状況に陥り、その結果、稼ぎ頭である世帯主の多くが出稼ぎ（移住）を余儀なくされたという。

そうしたなか、2002年の終わりからイタリアのNPOであるAYUDA directaが持続可能な開発プログラムを始めた。派遣されたボランティアや国際協力員が長期にわたってラ・エスペランサ村に滞在し、現地家族と寝食をともにするなか、住民たち自身が地域に残る暮らしとその体験が第三者にとっていかに素晴らしいかに気づき、2013年ごろからコミュニティ・ツーリズムが開始されたという。

最初の年に、コミュニティ・ツーリズムの拠点となる小屋が建てられ、現在は最小限でありながら洗練された宿泊設備と小さなバルレストラン、そして地域の家畜を活用してつくるチーズ工場があり、9人の地域住民が働いている。

こうしたコミュニティ・ツーリズムから得た収入は、ラ・エスペランサ村を構成する約60世帯200人のコミュニティメンバーに分配される仕組みになっている。

地域社会の風習や日常生活そのものが魅力であること、そして観光客による収入が分配される仕組みになっていることがコミュニティ全体に対して啓蒙されていなければ、成り立たない方法である。

その啓蒙活動を「地域教育」という言葉で表すかどうかは見解により異なるであろうが、少なくとも経済的な利益をもたらすだけでなく、この活動が地域に力を与え、地域住民の自尊心をより向上させ、起業家精神やさまざまなツールの知見を身につけることに成功しているのは確かである。もちろん同時に道路や電気、インターネットといった生活インフラの改善にも貢献している。

コミュニティ・ツーリズムにはレジリエンスがある

訪れた国や地域への社会貢献につながるコミュニティ・ツーリズムは、よりディープな体験を求める観光客側のニーズの高まりだけでなく、国連によるSDGsを代表とするサステナビリティへの注目度が高まるとともに増加してきている。

実際、エクアドルで、コミュニティベースの観光プロジェクトを牽引するNGOの1つCODESPA財団のラファエル・ディィエス氏は「観光客たちは今まで以上に、訪れる国での社会貢献や、より深い経験をすることを求めている」と語っている。

残念ながら、本書の執筆時点では、新型コロナウイルス感染症の影響により、こうしたコミュニティ・ツーリズムを支える国際観光は壊滅状態に近い。

しかし、もとから大きな投資をしていないこと、先にも記したとおり、住民の従来からの生活基盤が既に整っていることなどを考えれば、都市部の観光地よりもレジリエンス（復元力）があるといえる。大きな変容を強いられることなく来るべき国際観光の復活まで待つことが、比較的容易であると想像できるからだ。

05

a new concept of TOURISM INDUSTRY

観光貢献度の可視化

観光公害やオーバーツーリズムを誘発する要因

地域の観光振興を進めるうえで、重要なのが地域社会からの理解である。特に、観光のあり方が、従来の物見遊山的なものから、地域に根ざした文化や生活様式を通じた体験を軸にしたものへと変わってきている昨今では、地域住民の「理解」からさらに踏み込んだ「協力」を得る必要がある。地域社会との良質な交流が、訪問者の満足度を大きく左右するからだ。

しかしながら、コロナ禍の影響で観光客を呼び込むことに対して消極的な地域が出てきている。さらにいえば、新型コロナの発生前も、一部の地域では押し寄せる外国人観光客と地域社会が水と油の関係になってしまい、オーバーツーリズムや観光公害として問題視される向きもあった。

これを改善するには、観光客側にしっかりとマナーを伝えたり、地域に対するリスペクトを醸成したりといったことが必要だ。もちろん、コロナ禍のニューノーマルな過ごし方を徹底させることも不可欠である。

そうしたことに加えて、地域社会・住民に「ウェルカム」な気持ちになってもらうことも重要である。その具体的な方法が「観光貢献度の可視化」である。観光貢献度の可視化とは、端的にいえば、いかに観光客が地域経済に貢献しているのかや、観光事業が地域の暮らしにどう役立っているのかといったことをわかりやすく伝えることである。

住民の何気ない振る舞いが満足度に直結する

冒頭でも書いたが、住民から観光客への対応は、その地域全体での滞在・体験の良しあしを大きく左右する。まち歩き中のなにげない瞬間に、地域住民から笑顔で挨拶されたり、親切なふるまいを受けたりすると、それだけで訪問者の満足度は一段も二段も上がる。

これは、満足度を高めるためには、自社商品やサービスの質を高めることに心血を注げばいい他の産業・分野と観光が決定的に違うところで、そこが観光の難しい部分である。

一般に、観光が地域に与える影響の範囲は経済、社会、文化、環境など多岐にわたる。具体的には、ポジティブなものとして「観光収入ならびに税収の増加」「雇用の創出」「インフラの整備」「コミュニティの活性化」「文化や伝統の保全・強化」といったことがあり、ネガティブなものとしては「生活コストの高騰」「環境負荷の増大」「混雑」があげられる。

このうち、特に重要なのは経済的な要素であるが、残念ながら日本においては、可視化や数値化ができているとは言い難い。

観光貢献度の数値化を徹底するアメリカのDMO

一方で、観光貢献度の可視化・数値化を徹底し、きちんと地域住民にわかりやすく伝えようと努力しているのが、アメリカのDMOである。

セントラルフロリダ大学ローゼン・ホスピタリティ経営学部准教授の原忠之氏によれば、あくまでアメリカのDMOの目的は、「納税者の生活水準の維持・向上」にあり、ここがぶれることはないという。だからこそ、観光貢献度は市民向けにわかりやすくまとめ、動画（YouTube）などを用いて全力で伝えている。結果的に、DMOが行う施策についても、住民の理解が得やすく、意思決定がスムーズとなる。

もちろん、観光貢献度の可視化は、翌年の予算確保にも資するため、組織の強化にもつながる。好循環を生んでいるというわけだ。

CincinnatiのDMOによるレポート「TOURISM ECONOMICS」

こうした観光貢献度の数値化においては、経済的効果の中身に透明性をもたせることである。単純に、観光客が支払った金額だけをみるのではなく、彼らが食したメニューの材料が地元産であるのか、購入しているお土産は誰がつくっているのか、雇用している人材が地域内に住んでいるのかといったことまで、しっかりと数字で表すことが重要である（このあたりの具体例としては、「レスポンシブル・ツーリズム」に書いたヨルダンのフェイナンエコロッジの取り組みにも詳しいので参照してほしい）。

その地域にお金が落ちているようにみえても、実際には他エリアや大企業、海外資本といったものに依存していることで、地域住民や社会に観光の消費が還元されていないこともある。逆に、事業者が税金というかたちで地域にお金を循環させている可能性もある。そうした場合も、「観光客のおかげで地域住民の税金がこれだけ節約できている」といったことをきちんと算定し、可視化すべきであろう。

たとえばCincinnati USA Convention & Visitors Bureauというオハイオ州シンシナティのＤＭＯはYouTubeにアップしている動画「Economic Impact of Tourism & Conventions to Cincinnati USA」のなかで、「観光客の数」や「支出額」、「観光で生まれている雇用の数」だけでなく、「観光客のおかげで住民（1世帯あたり）が支払うべき税金額がいくら節約できているか」といったことまでを示している。

きめ細かな客観的指標で住民の幸福度を測る岩手県の取り組み

先ほど、アメリカのＤＭＯの目的に、「納税者の生活水準の維持・向上」があると書いた。同様に日本でも、観光庁は設立された２００８年当時より、「住んでよし、訪れてよしの国づくり」ということを理念として強調してきた。

観光は、あくまで地域住民の暮らしを良くするための手段であるということだ。そうした意味で、観光貢献度の数値化で参考になるのが岩手県の取り組みである。

2019年に、〝オールいわて〟で策定した「いわて県民計画（2019〜2028）」において原則として掲げられることになったのが、「一人ひとりの幸福追求権の保障」である。

この幸福度という抽象的で主観的な指数を測るのは容易ではないが、それを可能とするために岩手県は政策評価の方法論を明確にしている。

1つは、県内居住者5000人に対する「県民意識調査」。主観として「あなたは現在、どの程度幸福だと感じていますか？」などを定点観測している。

もう1つは10の政策分野ごとに設定した客観的指標（いわて幸福関連指標）だ。

10の政策分野とは、「健康・余暇」「家族・子育て」「教育」「居住環境・コミュニティ」「安全」「仕事・収入」「歴史・文化」「自然環境」「社会基盤」「参画」である。

たとえば、そのなかの1つである「仕事・収入」の評価指標をみてみると、「一人当たり県民所得の水準」や「完全失業率」とともに、「観光消費額」や「グリーン・ツーリズム交流人口」が掲げられている。これらの項目は1年ごとの推移だけでなく、参考となる計画目標値と全国や東北のなかでの順位も明記されている。

こうした指標は10の政策分野を合計すると、82もの項目に細かく設定されていることも注目したい。

また、そうした多岐にわたる指標を横断的にみられるようにしていることもポイントだ。たとえば「仕事・収入」のあらゆる項目の数値がプラスになっていたとしても、「県民意識調査」で幸福に感じている人が激減していれば、減少の要因を探るべきだといえる。もちろん「仕事・収入」とは別の要因でそうなっているのかもしれないが、少なくとも「一度立ち止まって見直す機会を設けよう」という声があがりやすくなる。

もちろん各自治体が、各々でこれほどまで細かな客観的指標を導入するのは簡単ではないだろう。しかし、自治体やDMOといった地域の観光をリードする団体が、観光の貢献度についてできる限り細かな指標を提示する姿勢は、観光事業の継続性や成長性、そしてコロナ禍を含めたさまざまなリスクに見舞われたときに欠かせないレジリエンスを持つために必要なことである。

繰り返しになるが、観光貢献度の可視化が、地域住民の理解と協力を得ることにつながるからだ。

住んでいる人の幸せが、観光客の幸せにつながる

従来、観光地の評価手法では、訪問者の満足度、再訪の意欲といった点ばかりが強調さ

れてきた面がある。

しかし、訪問者の満足度が上がる一方で、地域住民の満足度が下がっていれば、それは評価されない時代に入っている。

住んでいる人の幸せが、観光客の幸せにつながるという視点を忘れてはならない。ただ、それを情緒的な言葉で伝えても、なかなか説得力は出ない。

したがって、観光やインバウンドが地域にどう経済的なインパクトを具体的な数字として与え、どれだけのインフラ整備に役立っているのか、さらに住民の生活の質の向上に寄与しているのか、しっかりと可視化・数値化そして言語化し、地域住民に伝えていくことが、持続可能な観光を形成していくために欠かせないのである。

経済効果の可視化という点に絞れば、TSA（Tourism Satellite Account）という手法がある。フランスやカナダ、オーストラリアなどで導入されている経済統計の国際基準だ。そもそも経済効果を推計するためには、旅行者数とその消費単価、および域内調達率の統計データが必要である。さらに、地域間産業連関表と呼ばれる地域や産業間の取引ならびに相互依存関係をまとめたものも必要だ。TSAはいわば、そうしたデータの取得法や分析法の基盤となるものであり、経済効果という曖昧な定義の客観性に寄与するものであるということだ。

#06

a new concept of TOURISM INDUSTRY

量から質へ（発想の転換）

〝観光疲弊国〟にならないために

菅義偉政権で官房長官に就任した加藤勝信氏は、観光戦略実行推進会議について、2020年9月29日の定例会見のなかで「2030年訪日外国人旅行者数6000万人などの目標達成に向け、省庁の縦割りを越え、引き続き、感染対策との両立を図りながら官民一体となって取り組んでまいりたいと考えております」と語っている。つまり、従来の訪日外国人数の目標を今回のコロナ禍発生後も変えないという方針を打ちだしているといえる。

この点について、私は手放しで賛同はできない。もちろん、日本には6000万人を呼び込むだけのポテンシャルがある。訪日客3000万人時代に入った2019年の時点で、外国人を含む観光客がほとんど来ていなかった地方エリアにも、魅力ある観光地が多数あるからだ。

しかし、数だけを追う時代から変わらなければならない。「何人の観光客が来た」ということだけではなく「どういう人に来てもらいたいか、そして実際に来てくれたか」や「どれだけ経済的なメリットが地域にもたらされたか」という〝質〟をつぶさにみていく必要がある。もちろん、前項でも書いたように「地域住民の暮らしがよくなっているか」も重要である。いわば量から質への発想の転換である。2030年に訪日客数6000万人という量は、質を追った結果。そのような位置づけにしなければ、〝観光先進国〟とは名ばかりの、〝観光疲弊国〟になってしまう。

量を追ってきた日本の観光業界。その功罪を見直す時期がきている

量から質へ考え方を変えるためには、デスティネーション・マネジメント（観光地経営）が不可欠である。特に日本の場合、長らく国内旅行市場向けに、マス・ツーリズムが続いたこともあり、その延長上にインバウンドを受け入れていた側面があった。

マス・ツーリズムについては、観光地理学が専門の筑波大学教授の呉羽正昭氏が『地理科学vol.64』の「日本におけるスキー観光の衰退と再生の可能性」で次のように書いている。

「マス・ツーリズムはツーリズム（観光）の大衆化であり、また大量化である。日本にお

ける高度経済成長期以降の観光形態も、こうしたマス・ツーリズムとしての性格が非常に強かった。多数の景勝地や史跡を巡りながら温泉に宿泊する周遊型の旅行、夏季の海水浴などは、マス・ツーリズムの例であろう」

マス・ツーリズムは、低価格化によって数ある娯楽のなかで旅行を一般化することに寄与した。もちろん、それに伴って経済的なメリットを事業者や旅行会社にもたらした。

他方で、観光客が一定の時季に集中することや、受け入れ側は旅行商品をつくる（送客する）側の意向に左右されることなどが問題となった。その結果、地域にデスティネーション・マネジメントに関する知見の蓄積がなされぬまま、ただただ受け入れ側が疲弊していくという構図を生んだ。

本来、地域の暮らしを良くするには、地域の実情や事情、意向に沿って観光客を受け入れなければいけないが、マス・ツーリズムではそのことが軽視されてきたということだ。

こうしたマス・ツーリズムの考え方から脱却できない人材で構成される地域の観光関連団体は少なくなく、インバウンド施策でもさまざまな弊害を生んでいる。

それを助長しているものの1つが、「数」だけを追う（ように見える）官民双方の観光政策・施策であるのだ。

理想的な成長曲線を描くためには？

もちろん、国も問題意識を持っており、実際にさまざまな施策を打ちだしている。観光庁が2015年に規定した日本版DMOという枠組みは、まさにその象徴であろう。

デスティネーション・マネジメントがうまくいっている事例もある。たとえば、拙著『インバウンド対応実践講座』でも詳述した兵庫県の城崎《きのさき》温泉は、自分たちのエリアの強みや特性をきちんと自覚・言語化し、外国人客を集客するにあたっては、やみくもに呼び込むのではなく、ターゲットを明確にしたうえで、地域として受け入れる外国人客の質を担保してきた。具体的には、「日本の古きよき温泉街の文化を尊重してくれる成熟した欧米を中心とした個人客」を戦略的に集客する、とエリア内の観光協会、旅館組合、商工会、国際友好クラブで集まってコンセンサスを取ったという。

その結果、爆発的な受け入れ数の増加こそないものの、理想的な成長曲線を描いてきたことに加え、既存の〝お得意様〟である日本人客との共存も実現してきたのである。実際、コロナ禍が発生した後の状況について、城崎温泉観光協会会長の高宮浩之氏は、ダイヤモンド・オンライン「『Go To直前』観光地のいま、外国人客ゼロになった城崎温泉の独自策」のなかのインタビューで次のように答えている。

「6月のインバウンド予約はゼロ、城崎温泉旅館全体の予約状況は例年の半分くらいだった。そんな中でも現在は、前日や当日など直前に予約をくださる近場のお客様が比較的多いため、シフトに入っていない従業員に急に出社してもらうこともある」

「マス・ツーリズムからの脱却」を宣言したオーストリア・ウィーンの戦略

海外でもマス・ツーリズムからの脱却を画策する動きがコロナ禍の前から出てきている。代表的なのがオーストリアのウィーンだ。同市では、イタリア・ヴェネチアやスペイン・バルセロナで発生していたオーバーツーリズムに鑑み、「観光客の経済戦略2025」という先手を打っている。同戦略のモットーは、「シェイピング・ウィーン（Shaping Vienna）」だ。これは観光客が地域住民の重荷として認識されるような都市にならないために、どうすべきかを定義したものである。

ウィーンの市長を務めるMichael Ludwig氏は「ウィーンは観光のためになにができるか」ではなく「観光客はウィーンのためになにができるか」を問いかけ、ウィーン観光局

オーストリア・ウィーンの観光戦略「SHAPING VIENNA」

の主任であるNorbert Kettner氏はホテル業界、飲食業、地域など３００人の専門家の協力を得て策定したこの目標を「野心的だ」と評したうえで、次のように語る。

「我々は成長を望んでいるが、どんな代償を払ってでもではない。マス・ツーリズムに見えるものはすべて、将来的にはウィーン観光局は宣伝もサポートもしなくなり、ときには声高に批判することもあるだろう。人力車や露天商、がらくた屋台などで公共空間の質を低下させてはいけない。マス・ツーリズムに必要なのはマーケティングではなく、規制なのだ」

同観光局は、以下の６項目を抽出し、対外的にアピールしている。

・ウィーンのＧＤＰに対する観光の貢献を40億ユーロから60億ユーロに増やす
・宿泊から得られる収益を9億ユーロから15億ユーロに上げる
・ビジターの満足度では10人中9人のゲストがウィーンを勧めるという現在の高レベルをキープする
・観光に対する姿勢は10人中9人の住民が観光を肯定的に見ているという圧倒的な前向き姿勢をキープする
・「Österreichisches Umweltzeichen」というオーストリアのエコラベルを取得できる観光サプライヤーの数を１１２から２２４に倍増させる
・列車利用の訪問者（21％）と自動車利用の訪問者（26％）の割合を逆転させる

これらの目標を達成するために、ウィーンは、「ベルリンで開催される主要な国際観光交流イベントＩＴＢに参加しない一方で、小規模な専門見本市には参加する」「長距離便を中心に宣伝し、オーストリア航空などのレガシーキャリアとのみ協力し、ＬＣＣ（格安航空会社）との提携はしない」などの方針を打ちだしている。ウィーン市の財政顧問を務めるPeter Hanke氏は、ウィーンの客室料金が国際的にみてもまだ安いと考えているとし、既出のKettner氏はＬＣＣに対して「9ユーロのチケットは経済的にもエコロジー的にも社会的にも持続可能なものではない」と表現している。

受け入れる地域側からツーリズムの意義を主張する

「サステナブル・ツーリズム」の項目でも登場してもらった能登氏は、デスティネーション・マネジメントによって集客したい層を明確にすることの重要性について、フィンランド政府観光局が掲げる「サステナブル誓約」を例に挙げて次のように語る。

「フィンランドが目指すツーリズムの主張を盛り込みながら、それに共感・賛同してくれる旅行者に来てほしいという姿勢が（サステナブル誓約に）表れています」

こうしたウィーンやフィンランドの取り組みは、地域を守るためとはいえ、旅行者が減る心配もある。この点について能登氏は、「長期的な視点で、サステナブルな考えを共有する旅行者が増えることが、国として得策だと考えているんです」と指摘する。

繰り返しになるが、6000万人の外国人客が日本を訪れれば地域が躍動・活性化するわけではない。地域が躍動し、活性化した先に2030年6000万人が可能になるということだ。それには、「量から質」への発想の転換が必要不可欠なのである。

#07

a new concept of TOURISM INDUSTRY

BCPの策定

欧米のDMOによる緊急時の情報発信はなぜ早い？

コロナ禍によって、「想定外」に対する意識が一気に高まった。企業の経営者はもちろんだが、地域の観光地経営や行政に携わる人、もちろん私も含め、全員が外国人観光客がほぼゼロになる事態を想像だにしていなかったはずだ。それが実際に起き、もっといえば、人の移動が制限されるなか宿泊業や飲食業といった多くの業界が、大ダメージを受けている。想定外につぐ想定外といっても過言ではない。

そうしたなか、官民を問わず、注目を集めているのがBCP（Business Continuity Plan）と呼ばれる事業継続計画である。

BCPとは、経済産業省の外局にあたる中小企業庁の「中小企業BCP策定運用指針」によれば、「企業が自然災害、大火災、テロ攻撃などの緊急事態に遭遇した場合において、事業資産の損害を最小限にとどめつつ、中核となる事業の継続あるいは早期復旧を可能とするために、平常時に行うべき活動や緊急時における事業継続のための方法、手段などを取り決めておく計画のこと」である。

残念ながら、中小企業においては、BCPを策定しているところは2割程度にすぎない。2011年には東日本大震災という未曽有の災害に見舞われたにもかかわらずだ。

特に観光分野では、先にも述べた自然災害やテロはもちろん、国家間政治、感染症の蔓延、風評被害といったさまざまなリスク因子がある。こうしたことから、観光分野のBCP、すなわち観光危機管理計画は大きな役割を持つ。

定期的な検証と試験的な運用を欠かさない

アメリカでは2001年9月11日に発生した同時多発テロや、ハリケーンや竜巻、山火事といった天災を教訓とし、BCPの重要性を自覚している企業・事業者が多い。

2017年にはラスベガスで単独犯による銃乱射事件が起きたが、この際も観光危機管理計画にのっとって、当該地域のDMOのスポークスパーソンが、いち早く情報発信を行ったため、観光に関連する経済的な損害を最小限に抑えられたと世界のDMOを知る株式会社ワールド・ビジネス・アソシエイツの丸山芳子氏は指摘する。同氏は、これにより観光危機管理計画の重要性が再認識され、各地のDMOの互助組織である「デスティネーション・インターナショナル」を中心に一層の強化が図られたと続ける。結果的に、それが今回のコロナ禍においても役立っている。

WHO（世界保健機関）がパンデミック宣言を発する前の2020年3月初旬に、既にアメリカの各DMOは、これから起きると想定されることを発信し、今後、自分たちがなにをなすべきかについて、観光に関わる事業者に対して伝えている。そのスピード感は、やはり事前に策定したBCPという土台があるからこそなせる業だといえる。

アメリカだけではなく、欧州各国でも観光危機管理計画は整備されている。そして注目したいのは、つくりっぱなしにしていない点だ。定期的な検証と試験的な運用をしている。

一方で、自然災害の多い日本では、観光危機管理計画というと、どうしても台風がきたときの避難の方法や津波が予想されるときの情報伝達の仕方といったことが重視されてきた。これらも確かに大切ではあるが、同時に、「想定されるシナリオに合わせて事業計画を見直す」「KPI（重要業績評価指標）を調整する」「従業員の雇用を確保するためにはどんな打ち手があるのか」「やむを得ず人員整理をする場合はどんな手順を取るか」といったことも欠かせない。こうした部分まで踏み込んだ計画を持っているところは、観光の分野ではあまりないだろう。

試験運用についても、災害に関する避難方法や情報伝達の部分では行っていても、事業計画の見直しや、災害後のコミュニケーション計画にまで及んでいるかというと、やはりそこまで踏み込んでいないのが現状だ。

具体的になにをしたらいいのか

ＢＣＰの目的や効果としてどんなことが期待されるのか、あらためて検討したい。中小企業庁によれば、次のようである。

「決して特別なものではありません。例えば、あなたが病気で入院したら会社をどのように続けていくか等、あなたが日々の経営の中で考えていることを、計画として『見える化』すれば、それが最高意思決定者不在という緊急時のＢＣＰになるように、ＢＣＰは日々の経営の延長にある」

「ＢＣＰを策定・運用することで、あなたの会社は、緊急時の対応力が鍛えられることに加え、平常時にも大きなメリットを得ることができます。例えばＢＣＰの策定により、自社の経営の実態（在庫管理の実態、顧客管理の実態 等）が把握でき、こうした日々の経営管理を再確認することができます。また、ＢＣＰの策定・運用により、防災に係る融資や保険の優遇が受けられる場合もある他、取引先や社外からの信用が高まり中長期的な業績向上も期待できます」

観光分野の危機管理の第一人者である観光レジリエンス研究所の代表・高松正人氏も、２０２０年４月13日の「週刊 TRAVEL JOURNAL」のなかで、「観光関連事業継続のためには、運転資金の確保、雇用の維持、そして回復に向けたマーケティング活動が対応の中心になる」としたうえで、旅行・観光関連事業者がＢＣＰを策定する際の、考えるべきポイントを次のように挙げている。

「感染症などの健康に関わるリスクもＢＣＰの対象にすることだ。従来、ＢＣＰで想定される主な危機は自然災害やサイバー攻撃が中心だった。旅行・観光関連事業者にとって健康に関わる危機は、自然災害と同様、事業に甚大な影響を及ぼす恐れがある」

最初に行うべきはチームづくりと担当責任者の明確化

一般的な企業でのＢＣＰ策定の詳細に関しては、先にも挙げた「中小企業ＢＣＰ策定運用指針」を参考にしたり、専門のコンサルタントによる指南を受けてほしいが、大まかにいえば次のような作業が必要になる。最初に行うべきは、ＢＣＰを策定するうえでのチームづくりと、担当責任者を決めることだ。そのうえで次のことを行っていく。

①業務ごとのフローの洗いだし
②優先される業務の選択とその順位付け
③想定されるリスクの大きさを予測する（複数のシナリオを考える）
④業務復旧への対策の抽出
⑤対策ごとの実施者とその役割を決める
⑥組織全体に周知する（必要に応じて取引相手にも伝える）

余力があれば、定期的に検証・テスト運用をし、そのうえでＢＣＰを改善・修正していくといいだろう。

また、UNWTOは今回のコロナ禍によって、国際観光がどう回復するかのシナリオを公開している。こうした関係機関の資料も参考にしたい。ただ、マクロなデータも含めていえることだが、完璧な予測は1つとしてない。想定外は必ず起きるものである。

そういう意味では、社員やその家族を命の危機にさらさないことを念頭に置きつつも、長期にわたる事業の縮小や休止を余儀なくされても、耐えられるだけの運転資金の確保もBCPのなかで大きな役割を果たす。コロナ禍においては、さまざまな融資制度が新設されたり、条件面で優遇されたりしており、既に利用された方も多いかもしれない。いずれにしても、こうした資金繰りは、今日申請して翌日に融資が決まるというものではないため、先手先手で動くことが望まれる。実際、コロナ禍で生き残っている企業は、この点をしっかりと準備できていたところが多い。

第 2 章

「新技術」で
ネクスト・ステップへ進む

a new concept of
TOURISM
INDUSTRY

a new concept of TOURISM INDUSTRY

#08 マイクロモビリティ

都市型と郊外型、それぞれに合うものがある

世界中で「マイクロモビリティ」の注目度が高まっている。国土交通省が「超小型モビリティ」とも呼ぶそれは、今般のコロナ禍で加速する3密回避や快適さへの追求が後押しとなっているが、本を正せば、観光客と住民の双方における利便性の向上と、環境に配慮した持続可能な乗り物を追求するためのものである。本項では、電動自転車、電動キックボード、電動バイク、電動小型自動車といった複数の形態を持つ「マイクロモビリティ」の可能性と活用法について、検討していきたい。

そもそも「マイクロ（超小型）モビリティ」とはなにか。その答えは簡単ではない。

国土交通省の定義を見てみると、「自動車よりコンパク

トで小回りが利き、環境性能に優れ、地域の手軽な移動の足となる1人～2人乗り程度の車両」としている。同省の「地域から始める超小型モビリティ導入ガイドブック」を参照すれば、利用車両は、大きく「超小型自動車（制度に基づく認定車両）」と「ミニカーと呼ばれる原動機付き自転車（三輪または四輪）」に分けられるようだ。

しかし、世界的な流れでいえば、マイクロモビリティは電動キックボード、電動自転車、電動バイクが主役の座についている。いずれもシェアリングエコノミーの流れをくんだものであるが、なかでも電動キックボードは、主に米国のスタートアップ企業ＬＩＭＥとＢＩＲＤが創出した市場で、欧米の都市圏を中心に広がってきている。

なにを指してマイクロモビリティと呼ぶかは大きな問題ではなく、大事なことは、エリア特性に合ったモビリティを導入することであると私は考えている。

「シェア自転車」よりも「電動キックボード」がよい？

都市に合ったモビリティ（ここでは仮に都市型マイクロモビリティと呼ぶ）は、欧米を中心に広がっている電動キックボードや電動自転車であろう。

残念ながら、都市観光においても、地域住民の足としても利用価値の高い都市型マイクロモビリティは、日本では利用しやすい状況にあるとはいえない。

たとえば電動キックボード。道路交通法上、原動機付自転車に分類されるため、免許が必要であるうえ、ヘルメットの着用が義務付けられ、ブレーキや方向指示器、バックミラーの取り付け、ナンバープレートの取得などが求められる。また、歩道や公園を走ることも許されていない。

2018年6月に施行された「生産性向上特別措置法」に、〝規制のサンドボックス制度〟と呼ばれる、実証実験を行う制度がある。これは、革新的なサービスを事業化させる目的で、地域や期間を限定したかたちで規制を緩和するものであるが、既に電動キックボードは2019年11月にモビリティ分野の認定を取得しており、今後の展開が期待される。

もちろん電動（シェア）自転車で十分という意見もある。しかし、電動自転車はその大きさから事業化へのハードルは電動キックボードよりも大きい。こうした都市型マイクロモビリティは、利便性が成功のカギとなることから、サイクルポートと呼ばれる保管場所は可能な限り省スペースにできるほうがいいからだ。

郊外で重宝されるのは「超小型自動車」や「ミニカー」

農村部や自然公園、離島といった郊外に合ったモビリティ（ここでは郊外型マイクロモビリティと呼ぶ）は、国交省が推奨するような、より機動力のある超小型自動車やミニカーと相性がよいといえる。自転車も悪くないが、移動距離が10キロを超えてくると、体力に自信のある人やサイクリストを除くと、少々ハードになってくる。坂道がある場合にはよりハードルが上がるし、悪天候にも弱い。

また、都市型マイクロモビリティは、利便性を考慮するとサイクルポートの数が多いほどよいといえるが、一方の郊外型マイクロモビリティは、そうであるとは限らない。たとえば規模が大きくない離島であれば、フェリー乗り場にあれば十分だ。自然公園のようなエリアでも、拠点となる施設にあれば事足りる。

当然、レンタカーやタクシーでよいという意見もある。しかしレンタカーの利用は運転に慣れない観光客、とりわけ外国人にとってハードルが高い。

加えて、従来の自動車を利用したレンタカーやタクシーは、その大きさから維持費もかさむうえ、排気ガスによる大気汚染や野生動物への衝突といった自然への影響も大きい。タクシーに限れば、特に地方エリアではドライバーの人材難や高齢化も叫ばれて久しい。そうした意味でも、郊外型マイクロモビリティは、地域特性に合ったものといえ、持続可能性を持つ。

次に環境意識の高い海外の2つの事例についてみていこう。

世界の動き①
「フランス・パリで盛り上がる電動キックボード」

フランス・パリでは、2018年ごろからシェア電動キックボードが広まってきている。米国発のLIMEやBIRDはもちろん、追随する新興勢力も含め、十数社が進出しており、パリに暮らす住民や観光客により幅広く利用されている。

当初は無法状態で、縦横無尽に走り回ることができたが、2019年10月にフランス政府が法律を制定し、いくつかの規制をかけている。

運転可能なのは12歳以上とし、2人乗りは禁止。市街地では自転車専用レーンに限って走ることが許され、専用レーンがない場合は時速50キロ以内に制限されている車道であれば走行が認められているようだ。

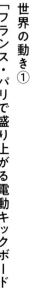

また、電動キックボードの最高時速は25キロ以下に制限されており、2020年7月1日以降はライトやブレーキなどの装備も義務付けられた。

パリでは、国の規制に先立ち、独自の対策として規定の駐車スペース以外の駐車を禁止にし、最高時速を20キロ、混雑している箇所では時速8キロに制限している。仕組みはこうだ。内蔵されたGPSによって1台1台管理された電動キックボードを利用するには、個人情報を登録したアプリが必要となる。アプリを開くと、地図画面上に利用可能な電動キックボードの位置情報が現れる。本体を見つけたらQRコードをスマホで読み込めば解錠され、乗ることが可能になる。

パリでの最高速度は先述のとおり、20キロであるが、場所によってはより厳しい時速制限をかけており、そのエリアに入ると、自動的に最高速度が制限されるという。

返却にあたっては、駐車禁止エリアが定められており、これもGPSによって制御されている。料金は利用時間に応じて、アプリに登録したクレジットカードを通じて支払うかたちになっている。

世界の動き②
「エコ先進国・ニュージーランドにおける2つの事例」

環境保全の先進国であるニュージーランドでは、エコツーリズムに対応したマイクロモビリティが広がっている。ここでは2つの事例を紹介したい。

ニュージーランド最大の都市オークランド北東100キロメートルの海上に位置するグレートバリア島は、手付かずの自然が残る285平方キロメートルの島で、隠れた観光スポットとして国内外に知られている。つくば市ほどの広さを持つこの島では、自然エネルギーを利用した電動バイクをエコツーリズムに活用している事例がある。

電動バイクは、土地や他の旅行者の邪魔をせずに、自然の美しいエリアを探索するのに最適な方法であるとして、ニュージーランドの新しいツアー会社 Motubikes は、前後輪駆動のオフロード用電動バイクUBCO「2×2」のレンタル事業を行っている。重要な点は、この電動バイクを「ソーラー充電ステーション」によって充電しているところである。自然エネルギーを活用したモビリティは、島を訪れた観光客が持続可能な方法で探索するのに最適であるといえる。グレートバリア島は、オークランドからボートで3～4時間、または飛行機で30分というアクセスの良さを持つ一方で、完全にオフグリッド（電力会社の送電網につながっていない状態）の島であるからだ。

同社は、輸送用コンテナを太陽光発電の基地局として再利用している。屋根に16枚のソーラーパネルを設置し、9台の電動バイクの充電をすべてまかなっているという。

見た目もクールなUBCO「2×2」は、省エネ機能に優れていることに加え、アウトドア仕様（大型のタイヤ、デュアルサスペンション、2輪駆動の牽引力など）を持ち合わせている。これらの機能により、島の細く曲がりくねった道路やさまざまな路面、地形を探検するのに最適だといえる。

オーナー兼オペレーターを務めるSeagar Clarkson氏は、2020年のはじめにMotubikesを設立し、当初は世界中から訪れる観光客にサービスを提供することを目的としていたという。

しかし、周知のようにコロナ禍が発生し、ニュージーランドも例に漏れず、世界の他の地域からの出入国を閉鎖したため、まずは地元のキーウィ（ニュージーランド人）たちを主要な顧客と見立てているようだ。

出典：「Motubikes」facebookより

同氏は、ウェブメディア「Electrek」に対して、次のようなコメントを発していた。

「正直なところ、この夏はかなり忙しくなりそう。グレートバリア島は、まだ行っていない楽園の一角として、多くのキーウィたちのデスティネーションの候補にあがっている。今の制限された旅のなか、この島は非常に魅力的だからね。冒険心さえあれば、美しいビーチ、森、海で特別な時間を過ごせるよ」

もう1つの事例は、ニュージーランド南島にあるセントラル・オタゴのスタートアップによる取り組みである。

家族経営でもあるスタートアップLandEscape社は、セントラルオタゴの素晴らしい景観と農場、電動自転車（80台のスイス製ＹｏｕＭｏ）の機動性、薪を利用した露天風呂を組み合わせたツアーを実施している。

オーナーのRik Deaton氏は、政治・社会問題やポップカルチャーなどを扱うニュージーランドのオンラインメディア「THE SPINOFF」の記事のなかで、「提供したいのは、管理された団体旅行ではなく真の旅行体験。ｅバイクとｅビークルは、交通手段を永遠に変えようとしている」と語っている。

出典：「LandEscape」facebookより

いまの自分たちの生活を見直すきっかけにもなるエコツーリズム、すなわち同社のような再生可能エネルギーをベースとした田舎暮らしの醍醐味を味わえるコンテンツは、今後、より注目度が高まるだろう。

超小型電動自動車を貸しだす大分・姫島

国土交通省が2020年4月に発表した「超小型モビリティの導入事例」では、43ものプロジェクトが紹介されている。そのなかで、観光目線で注目したい取り組みを紹介する。

瀬戸内海に浮かぶ大分県の姫島は、漁業および観光業が主要産業である人口約2000人の村である。約50年前から島をあげてワークシェアリングを実施したり、〝HIMESHIMA IT ISLAND〟と称しリモートワークができるようコワーキングスペースをつくったりするなど、先進的な取り組みを行う離島としても知られる。

そんな姫島では、地域活性化プロジェクトの一環として、マイクロモビリティによるエコツーリズムを推進している。姫島エコツーリズム推進協議会は、3台のトヨタ「コムス」(1人乗り)、7台の日産「New Mobility Concept」(2人乗り)、4台のヤマハ「ランドカー」(4人乗り:3台、7人乗り:1台)を所有し、公共交通機関のない島内における観光客の周遊性を向上させている。

姫島にはフェリーを用いることで自家用車での訪問も可能だが、その運搬には多大な石油エネルギーが必要である。2013年に日本ジオパークネットワークにより認定された

「姫島ジオパーク」が持つ豊かな自然資源を守りながら、観光振興を進めるためには、あまり得策であるとはいえない。

姫島のマイクロモビリティはすべて電動であるが、商用電力を用いていない。太陽光発電を用いた自然エネルギーによる充電ステーションを設置しているからだ。

ちなみに、同村の取り組みは、2019年2月に「低炭素杯2019」で、環境大臣賞グランプリも受賞している。

エリア特性に合ったマイクロモビリティを選ぶことが重要

冒頭でも書いたように、一口にマイクロモビリティといっても、その形態は1つではない。具体的には、電動キックボード、電動自転車、超小型電動自動車、電動バイクなどがあり、それぞれにメリット・デメリットを持ち合わせており、いかにエリア特性に合ったものを選べるかがレンタル事業とした場合、成否を分ける。

本項では、大きく都市型と郊外型で分けて説明をしたが、考慮すべきことはほかにも複数ある。たとえば既存の交通事業者との事前協議や折衝は、地域全体の良好な関係性を保つために不可欠だ。エネルギーを太陽光発電に頼るのであれば天候も気になるだろう（日本一晴れの日が多い香川県は、年間平均約250日が好天だといわれるが、日本一晴れの日が少ない秋田県では、好天は年間平均約159日しかないというデータがある)。

ただ、コロナの影響もあり、3密を避けられる乗り物であるマイクロモビリティへの注目度は、高まっていくことが予想される。であるならば、いかに事業として成り立つのか、すなわちさまざまな補助金や助成金に頼ることなく継続できるよう、収益をあげられる仕組みも検討していくべきだ。

たとえばマイクロモビリティに内蔵したGPSによって得られる移動データを取得することで二次利用、三次利用を考えていく。ユーザビリティの向上はもちろん、観光マーケティングや広告に活用することで、収益力を上げることもできるだろう。利用するためのアプリと連動させることで、プッシュ型の広告(地域の体験アクティビティや地域特有の食べ物屋や民芸品店など)を打つような事業モデルも考えられる。あるいは、マイクロモビリティ自体を広告化し、運営費をまかなうという海外の事例もある。電車の中吊り広告や、タクシーの車体にラッピングで付けた広告のイメージに近い。

日本の地方の観光エリアには、広義の「車」がなければ周遊できないようなところも少なくない。一方、日本の若者の間では〝車離れ〟が進んでいる。したがって、外国人観光客だけでなく、日本の若者にとってもマイクロモビリティは有用性があるといえ、ウィズコロナ、そしてアフターコロナの観光を進めていくうえでは大いに検討の余地がある。

#09

a new concept of TOURISM INDUSTRY

観光型MaaS

観光と密接に関わる交通手段の新潮流

観光と切っても切れない関係にあるのが交通手段である。そのなかで、各地で活発に動き始めている注目の概念がMaaS（Mobility as a Service）だ。

2010年代に入って生まれたこのモビリティ革命は、2016年にフィンランド・ヘルシンキでスタートしたMaaS Global によるアプリ「Whim（ウィム）」によって、またたくまに世界中から熱視線を浴び、交通事業者や自動車メーカーのみならず、IT企業、通信事業者、行政などが参画の機会をうかがうことになった。

そして、2018年ごろからは、実証実験を行う動きに発展し、2020年現在は、いよいよ2020年代に向けて本格運用に移行しつつある段階である。

コロナ禍によってややトーンダウンした感も一部ではあ

るが、より加速したかたちでの再船出も時間の問題だ。ＭａａＳによって実現されるシームレス（継ぎ目なく滑らか）な交通を目指す動きは、２０１５年に国連サミットで採択されたＳＤＧｓ（持続可能な開発目標）を実現しようとする世界的な潮流とも合致しているからだ。

ＳＤＧｓが掲げる17の国際目標のなかで、ＭａａＳが最も関連するのは目標11「持続可能な都市」である。

ここでは、「女性・子ども・障害者・高齢者等を含むすべての人々に安全で持続可能かつ容易に利用できる輸送システムや緑地・公共スペース等へのアクセスを提供すること」が定められている。ＭａａＳと持続可能な都市は、密接な関係にあるといえるのだ。

ＭａａＳが関わるのは交通機関だけではない。まちづくりを担う行政機関はもちろん、さまざまな新技術を提供するＩＴ企業、シェアリングエコノミーサービスを提供するスタートアップ企業に加え、小売業、流通業、金融業、農業、不動産業など、例をあげればキリがない。

そのため、本項ではできるだけ観光分野に関わる話を中心に検討していきたい。

〝最短ルート〟ではなく、〝最適ルート〟が重視される理由

ＭａａＳは直訳すれば、「サービスとしての移動」である。国土交通省の『令和元年版交通政策白書』によれば、「出発地から目的地まで、利用者にとっての最適経路を提示するとともに、複数の交通手段やその他のサービスを含め、一括して提供するサービス」とある。同白書は次のようにも書いている。

「様々な移動手段・サービスの個々のサービス自体と価格を統合して、一つのサービスとしてプライシングすることにより、いわば『統合一貫サービス』を新たに生みだすものであり、価格面における利便性の向上により、利用者の移動行動に変化をもたらし、移動需要・交通流のマネジメント、さらには、供給の効率化が期待されている」

拙著『インバウンド対応実践講座』でも記したが、高速バスなどで知られる移動ソリューションを創造するウィラー株式会社の代表である村瀬茂高氏は、「ＭａａＳによって、地方における二次交通の課題を解決できる」と語っている。

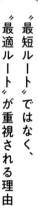

また、従来よりMaaSの概念に近いトータルナビゲーションサービスを提供している株式会社ナビタイムジャパンのインバウンド事業部部長の藤澤政志氏は、「すべての移動手段に対してリアルタイム情報を考慮しその日、その時刻、その場所でその人にとって最適なルートを提供する」ことの重要性を述べている。

藤澤氏と先の交通白書に共通しているのは、「最適」という言葉を使っている点だ。ともに、〝最短〟や〝最速〟ではなく、〝最適〟という言葉を使っているのは決して偶然ではない。

たとえばベビーカーは、地下鉄や路線バスといった公共交通機関で、批判の的になってきた。都営バスでは、2019~20年にかけて、2人乗りベビーカーに対する乗車拒否が大きな問題となった。こうした課題も、MaaSによって解決できるようになる可能性がある。すべての交通機関を1つのサービスとして捉えるからだ。具体的には2人乗りベビーカーの利用者は、路線バスと同じ価格でタクシーに乗れるシステムを搭載するといった方法もアイデアの1つになろう。

こうした最適解を提供することの重要性は、観光客の受け入れにもあてはまる。なぜなら観光客は、目的によってニーズが変わるからである。最短ルートや最速ルートばかりが求められているわけではないということだ。

先のＳＤＧｓのターゲットにあてはまるが、子ども連れや身体障害者、外国人観光客といった交通弱者に最適な交通サービスを提供することは、ＭａａＳの大きな意義といえるのである。

もちろん、地域特性によってもＭａａＳのあり方は変わってくる。

先の村瀬氏は、ＭａａＳが人口の集中する都市部では「移動の効率化」に寄与し、地方・郊外などの人口減少エリアでは「移動手段の確保」に寄与するとしている。加えて、国土交通省でも、大きく「大都市近郊型・地方都市型」「地方郊外・過疎地型」「観光地型」の3つに分けて実証実験支援を行ってきた。

個人や地域特性に合わせた最適解を導きだすには、テクノロジーが必要だ。ロケーションデータ、車両データ、車内データといった交通の供給側のデータに加え、利用者側のユーザーデータも必要である。そこではＩｏＴ（Internet of Things ＝モノのインターネット）やＩＣＴ(Information and Communication Technology ＝情報通信技術)、ならびにＡＩ(Artificial Intelligence ＝人工知能）といった技術が欠かせない。バスの車内の混雑具合をデータとして利活用するためには、バスがネットワークにつながっている必要もあるし、利用者側がスマートフォンやタブレットなどの通信機器を持っていることも求められる。

観光型MaaSにはなにが必要？

観光型ＭａａＳについて、もう少し詳しくみていく。

MaaS Tech Japan代表の日高洋祐氏らの著書として『ＭａａＳ モビリティ革命の先にある全産業のゲームチェンジ』（日経ＢＰ社）があるが、同書では、観光型ＭａａＳについて次のように描かれている。

「観光業においては、いわゆるフィンランドのＭａａＳグローバルが展開するＭａａＳアプリとは少し異なるＭａａＳのサービスになるだろう。（中略）基本的に収益性が低い観光交通ではＭａａＳだけで事業化することは困難なことから、ＭａａＳを実現しやすいプラットフォームが既に構築されていて、そこにユーザー視点および関係する事業者観点で効果的な体験の創出、事業者間調整ができるプレーヤーの存在が必要となる」

さらに、日高氏は、『週刊TRAVEL JOURNAL』２０２０年2月10日号のなかで、次のようにも語っている。

「キーワードとなるのが、自家用車がなくても複数の交通手段の連携によって自家用車並みの移動の自由と快適性を提供する点である。これまで自家用車依存の高い観光地や自動車でしか行けなかったエリアが近年の車離れの影響などで利用者が落ち込んでいる場合、ＭａａＳによって行きやすくする状態を構築し、利用者増を目指すといったものだ。そこに、宿泊や観光関連施設の予約、イベントのリアルタイムの混雑状況やお得な情報などの配信を組み合わせることができるとよい」

訪日外国人のための「くるり奈良」の仕組み

そんななか、訪日外国人に向けた観光型ＭａａＳの実証実験を行った例もある。その1つが「くるり奈良」と呼ばれる取り組みだ。

電通国際情報サービス、デンソー、ActiveScaler、奈良交通および運輸デジタルビジネス協議会が主導する同事業は、旅の出発地（シンガポール）から目的地（奈良）まで、飛行機、リムジンバス、奈良市内周遊バス、タクシーなどの交通網をスマートフォンで検索・予約・決済できる「観光型ＭａａＳ」であるという。

奈良の各所にあるSNS映えする画像をAIが自動配信するウェブアプリ「くるり奈良Web」と、特定の場所への交通手段の検索、チケット予約・決済、目的地ナビゲーションなどの機能を提供するスマートフォン向けアプリ「IMRIDE（アイエムライド）」を活用することで、シンガポールから奈良へシームレスに誘客し、観光地間を周遊してもらう狙いがある。

京都や大阪といった訪日外国人に人気のエリアに挟まれている奈良は、もとより県内エリアの滞在時間の少なさが課題としてあがっていた。それを解決するために、エリア内の魅力をうまく伝え、移動に関するハードルを下げることで、域内の回遊性を高めようと考えたわけだ。残念ながら、2019年の10～12月に行われた同実験の成果については、執筆時点では（コロナ禍の影響からか）まだ発表がないが、ぜひ継続した取り組みとしていくことを願っている。

個人的には、訪日外国人に向けたサービスを提供するのならば、タクシー業界で見られる「Uber」や「DiDi」といった海外のアプリとの提携も検討すべきだと考えている。

たとえば東南アジアには、圧倒的な人気を誇るライドシェア・アプリから進化したスーパーアプリ「Grab」がある。同アプリは、香港発でグローバルに展開する現地体験予約アプリ「Klook（クルック）」と連携するという。これによって、クルックが提供する数多くのツアー、アクティビティ、レストランを検索、予約することが可能になる。

たとえば日本人が中国を旅行する際、現地で圧倒的な人気を誇るアプリ、ウィーチャットをダウンロードし、現地で使うだろうか。そこにはハードルがあるといわざるを得ない。一方で、普段から使い慣れているＬＩＮＥアプリが、そのまま現地でも使えるなら、利用したいと考える人は少なくないはずだ。同じことが、海外から日本を目指す人にもいえる。

そういった意味では、ウィーチャットが使えるなど、外国人のＵＩ（使いやすさ）やＵＸ（ユーザー体験）を追求しているアプリ、「WAmazing」の動きは注目だ。２０１７年１月に提供が始まったこのインバウンド向けスマホアプリは、観光プラットフォームであり、各地で乱立する観光側ＭａａＳの利便性を高める可能性を持つだろう。

欧州で最も人口密度が低い スコットランドのパイロット事業

次に海外の事例もみていこう。

スコットランドの一部であり、ヨーロッパで最も人口密度の低いエリアとして知られるハイランド地方および諸島部では、住民と観光客双方の公共交通機関へのアクセシビリティを向上させるため、2021年3月にMaaSのパイロット（試験）事業を始めるようだ。同エリアの地域交通パートナーシップであるHITRANSは、MaaSプラットフォームとして、イギリス北部のリーズで誕生したMobilleo（モビレオ）を選び、「GO-HI」と呼ぶ交通事業プロジェクトの実証実験に活用するという。

このアプリを通じて、ユーザーは複数の旅行プロバイダーを横断的に活用でき、電車からホテル、タクシー、飛行機、レンタカー、空港ラウンジ、フェリー、レンタルバイクといった多岐にわたるサービスをワンストップで検索・予約・支払いができる。

既存のプラットフォーム上のパートナーだけでなく、今回のプロジェクトに際して新たな交通機関のプレーヤーも追加して連携していることもポイントだ。

同地域は、スコットランドの人口の10％のみが居住している一方で、面積はスコットランドの約半分を占めている。遠く長い海岸線、山岳地帯、人の住む島々が含まれており、現在、人や物資の移動・輸送には障害が多い。

同プロジェクトのディレクターRanald Robertson氏は、Mobilleoのホームページのなかで「この先駆的なプロジェクトは、地域全体を対象とした大掛かりなソリューションであり、住民や訪問者のアクセシビリティの向上に大きく貢献する可能性を秘めています」

としたうえで次のように続ける。

「1人乗りの自動車からシェアカーや公共交通機関へのモードシフトを促進することで、二酸化炭素排出量を削減するという政府の目標にも対応しています。アクティブな旅行の機会を含め、持続可能な旅行の選択肢を広げることで、地域の人々の、より健康的なライフスタイルにも貢献するでしょう」

もちろんこの取り組みは、エンドユーザーにつながるデジタルマーケティング・コミュニケーションや、詳細な管理レポート情報へ即時アクセスできるプラットフォームを提供することで、事業者側にもメリットが生まれるようにしている。

つまり、参入する交通機関は、自社サービスの需要に関するデータにアクセスすることができるため、観光客や地域の人々のニーズをよりよく理解し、提供するサービスについてより多くの情報に基づいた意思決定ができるようになるということだ。

日本でも見られる海外勢との連携の動き

全国各地でさまざまなプレーヤーが実証実験を行っている日本でも、海外勢と連携する動きは少なくない。

たとえば小田急電鉄はオープンな共通データ基盤であるＭａａＳ Ｊａｐａｎを構築している。そのなかでＪＡＬ、ＤeＮＡ、ドコモ・バイクシェア、JapanTaxiなど多種多彩な企業との連携に合意していることに加え、シンガポール発のＭａａＳアプリ「Zipster」やフィンランド発のＭａａＳアプリ「Whim」で知られるMaaS Globalとも合意済みだ。こうした動きは、訪日外国人観光客に、自国で日常的に使用しているアプリを日本で利用できるようにする狙いもあるだろう。

なお、Zipsterはシンガポールのスタートアップ企業mobilityXのサービスであるが、このZipsterは既述のスーパーアプリ「Grab」とも提携している。

日本はよく「ガラパゴス化」と揶揄《やゆ》されることが多い。観光ＭａａＳの取り組みは、中長期的にはインバウンドの取り込みも見据える必要がある。したがって、こうしたサービスについて、海外勢との連携という動きは歓迎されることである。

a new concept of TOURISM INDUSTRY

#10

DX（デジタルトランスフォーメーション）

観光産業のＤＸには「攻め」と「守り」の両施策がある

デジタルトランスフォーメーション（ＤＸ）とは、「企業がビジネス環境の激しい変化に対応し、データとデジタル技術を活用して、顧客や社会のニーズを基に、製品やサービス、ビジネスモデルを変革するとともに、業務や組織、プロセス、企業文化・風土を変革し、競争上の優位性を確立すること」である。

具体的には、ＡＩやＩｏＴ、５Ｇ（第5世代移動通信システム）、ビッグデータ、ＡＲ・ＶＲ（拡張現実・仮想現実＝バーチャルリアリティ）、デジタルツイン（実世界におけるものの状態や挙動をＩｏＴやセンサーで取得し、そのモデルを仮想世界にリアルタイムで再現する仕組み）、ブロックチェーン技術（分散型ネットワークを構成する複数のコンピューターに、暗号技術を組み合わせ取引情報などのデータを同期して記録する手法）といった最先端のデジタル技術を組み合わせ、いままでにない価値を創造することである。もちろん従来のデジタル化が持っていた「生産性の向上」や「運営コストの削減」といった面でも、より大きな効果をもたらすことが可能である。DXに関するサービスはさまざまなものが出てきており、ほんの一例をあげるとチャットAIの「tripla」、面白法人カヤックが開発した地域経済を回すためのコミュニティ通貨「まちのコイン」、ビッグデータとAIで予約・顧客管理ができる飲食店向けの「トレタ」といったものがある。

DX導入に強いリーダーシップが必要な理由

菅政権において「デジタル庁」が創設に向けて動きだしていることでも注目を浴びるDXは、観光分野でも「攻め」と「守り」の両方の施策に活用できる。

観光分野の攻めのDXとは、デジタルデータとIT技術を組み合わせることによって生みだす新たなビジネスモデルの構築である。具体的にはアクティビティのための「アソビュー！」、シームレスに交通手段を利用するためのMaaSアプリ「WILLERS」、検索サイトやSNSなどへの情報発信を可能にする「YEXT」といった地域や事業者のDXを推進させるプラットフォームサービスがあり、活用事例も広がっている。

守りのＤＸとは、管理業務にＡＩやロボットを活用したり、非接触型サービスを導入したりすることで、経営上の無駄を省くものである。たとえばオンライン事前予約を自社単体で行うだけでなく、エリアやテーマなど各レイヤーにおける流通の最適化を図ったり、管理部門・バックオフィスをデジタル化によって効率をあげたりといったことだ。

こうした取り組みは、サステナブル・ツーリズムのためには、一事業者で行う段階から、地域全体で行う段階に入ってきているともいえる。

そうした意味では、後で紹介するシンガポールの例からもわかるように、地域全体のデジタル化を底上げするような〝仕組みづくり〟も大切である。

そのなかで重要な役割を持つのが、ＤＭＯであり、今後の地域の観光経営を考えるうえで、地域全体の顧客管理、在庫・販売管理、販売ＷＥＢプラットフォームを一元で運用でき、自走経営できるＤＸ体制を構築することが重要だ。

限られたメンバーのみでできることには、技術的にも、ＤＸの精度を上げるために欠かせないデータの集積にも限りがあるからだ。

したがって、地域で一枚岩になってＤＸを推進していくうえでは、「ＤＸに取り組む」という強いリーダーシップは欠かせない要素である。

“技術ありき”ではなく“ありたい姿”から逆算して考える

地域や事業者がDXを導入する、あるいは活用したい場合、「先端技術」の中身から逆算して、課題を解決しようとしがちである。しかし、これではDXの潜在力を最大限に引きだせない可能性がある。

すなわち、「ありたい姿」や「理想のかたち」を描き、みんなでそれを共有することから始めなければならないということ。新たな価値を創造することや無駄を省くことばかりに気を取られ、肝心な経営コストが倍増し、事業継続ができなくなったり、収益性の悪化を招いてしまえば、本末転倒であるからだ。

DXを提供する側にとっても、クライアントが経営難に陥ることは得策ではない。しかし、短期的な利益確保のためにそうしたマイナス面に目をつぶる企業があっても不思議ではない。その意味でも、「ありたい姿」をきちんと明確にし、その方法論としてDXを活用するというスタンスを貫くべきだ。

観光産業のDXでエコシステムを構築するシンガポール

次にシンガポールの取り組みについて見ていく。IMD（国際経営開発研究所）によれば、2020年現在、シンガポールはDXと深い関係を持つスマートシティ化において、世界で最も進んでいる（第1位）とされる。ちなみに東京は世界で79位、大阪は80位である。

そんな東南アジアの都市国家では、観光産業でもDXを目指しており、デジタルパスや解析サービスを筆頭に、さまざまな取り組みを政府観光局（Singapore Tourism Board＝STB）主導で進めている。STBによると、2020年6月のシンガポールへの訪問者数はわずか2200人で、1年前の160万人から大幅に減少しており、日本のインバウンド市場と同じく苦境に立たされている。そうしたなか、同観光局は、コロナ禍をきっかけにデジタル化を受け入れ、新しい機会を開拓し、訪問者の体験を改善し、効率を高めるための変革の取り組みを加速させようとしている。

STBの取り組みが先進的なのは、同局公式チャンネルがYouTubeにあげている動画「Supporting Tourism Transformation through Learn Test Build Framework」でも描かれているように、DXが生まれる〝エコシステム〟を構築しようとしている点だ。

「実際は、何年も前から変革を続けてきたが、この非常に困難な時期にやりたいのは、その変革を加速させること」とSTB最高技術責任者のChoon Yang Quek氏は、地元観光業界における現在進行中の変革について言及している。そのために、STBは2020年4月に、3段階からなる変革フレームワークを発表している。

ファーストステップである「学習段階（LEARN）」は、企業の自己診断ツールである「観光産業の変革指標（Tourism Transformation Index）」を通じて、DXにおける自社のコンセプトをより深く学んでもらうフェーズである。観光事業者が自社の強みを評価し、改善すべき分野を特定するためのものでもある。すなわち、先ほどDXを導入する前に、「ありたい姿」を描くことの必要性を説いたが、自己診断を通じてそれを行うわけだ。

続いて「テスト段階（TEST）」がある。企業はリスクや投資を抑えつつ、すばやく「学習段階」で描いたコンセプトを試す。「コンセプトが成功すれば、すぐにスケールアップして収益が得られる」とQuek氏は述べている。それを可能とするのが、イノベーションスペースのThreeHouseだ。DXを推し進めるためには、各企業がコラボレーションし、さまざまなアイデアやソリューションを試す必要がある。STBの敷地内に設置されるThreeHouseはその〝ハブ〟となる存在だ。このスペースには、シンガポール・ツーリズム・アクセラレーター（ＳＴＡ）も設置する。このＳＴＡの役割についてQuek氏は、「世界中の企業から最高のアイデアを出してもらい、シンガポールに適したソリューションを開発してもらうこと」と語っている。

最後のフェーズは、「構築（BUILD）」である。第2ステップで行ったさまざまな取り組みを集約し、観光分野の変革を促進する「共通のテクノロジーツール」を構築するという意味だ。早急に取り組むのは、Ｓｔａｎ（Singapore Tourism Analytics Network）と呼ばれるデータ解析プラットフォームの構築である。なぜならＳｔａｎが構築されると、観光事業者は、ＳＴＢや業界から集約された訪問者の特徴や動態データといった観光関連データにアクセス可能になり、ＤＸによる具体的なアクションの精度を高められるからだ。

「Visit Singapore pass」とは？

ＳＴＢのＤＸを象徴するもう1つの取り組みが、デジタルパス「Visit Singapore pass」である。「世界の他の場所ではデジタルパスを購入する際、10種類のチケットを購入することになるかもしれないが、シンガポールでは1つのデジタルチケットに集約したい」とQuek氏が意欲を示すとおり、異なるイベントや観光名所で使える同一のデジタルパスが広がりつつある。訪問者にシームレスな体験を提供することに加え、コロナ禍のように紙のチケットを扱いたくないときには、特に有益なものになる。

観光施設側からしても、「Visit Singapore pass」を採用すれば、eチケット発行のためのプラットフォームに対する手数料が減り、収益性の改善につながる。

デジタルパスを運営する費用については、使用データを二次、三次利用することで収益化が可能となり、結果として既存のプラットフォーマーに支払う手数料分を大きく削減できる。こうした中間マージンの軽減は、誰かの負担のうえに成り立つことも少なくないが、データを活用するＤＸだからこそ持続可能にできる。ＳＴＢにおいては、アドビなどのテクノロジーパートナーと協力し、業務のデジタル化を進めているという。

ホスピタリティ業界のデジタル革命

次に、コロナ禍において進められているホテル業界におけるＤＸの取り組みについてみていこう。ホテルならびにホスピタリティ業界は、歴史が長いゆえに、旧態依然とした経営体質が残りがちであるが、パンデミックによって変革を強いられている。

当然ながらそこにはＤＸが色濃く影響しており、常識にとらわれない発想と効率化が目指されている。

たとえば、「リモートワークの導入」。クラウドベースのプロパティ管理システム（ＰＭＳ）を用いることで、予約管理から料金設定に至るまで、完全に〝オフサイト〟で管理することを可能にする。加えて、クラウドベースのメッセージシステムによって、予約の変更、キャンセルポリシー、払い戻しについて、リモートでもゲストとコミュニケーションを取れるようになる。

「人材マネジメントの簡素化」においても、タスク管理ソフトウェアやエンジニアリングソフトウェア、社内コミュニケーションプラットフォームを活用することで、業務の「見える化」や社内コミュニケーションを円滑にすることが可能となる。ＳＯＰ（Standard Operating Procedure）と呼ばれる標準作業手順書のデジタル化を実現できれば、仮に人材の入れ替えが発生したとしても、業務レベルを維持したままスムーズな引き継ぎもできる。

「収益管理のオートメーション化」も可能だ。レベニューマネジメント（収益管理）を自動化させることは、特にコロナ禍のような不測の事態が発生した後は、過去のデータや経験があまり役に立たないため、最新のテクノロジーを導入するのが賢い選択になる。

「人事労務業務の効率化・最適化」も実現できる。たとえば採用活動では、多彩なデータを活用することで、能力面だけでなく、社内カルチャーとの相性の良さも見極めることができるようになる。もちろん、既存社員の労務管理、給与明細書の発行、退社手続き、年末調整といった面でも、DXが効率化・最適化に利するところは大きい。

デジタルとアナログのそれぞれの良さを最大限に活かす

こうした新しいトレンドは、ウィズコロナ、アフターコロナの時代に加速するとみられている。事業の存続ならびに成長のためには、自社サービスの質の向上が不可欠であるホスピタリティ業界にとって、マンパワーをDXの力で代替できる業務に割くのは得策ではない。したがって、柔軟な頭でDXに頼るべきところは頼っていくべきだ。

ただし、DXの議論は「すべてデジタル化すればいい」というものではない。デジタルとアナログそれぞれの良さを最大限に活かすことが欠かせない。

DXは手段であり目的でない。あらためて自社の存在価値や強みを棚卸しをし、5〜10年後に目指す売上・利益、事業内容、組織体制を描いたうえで、どんなDXが必要かを考えるというプロセスは必須である。

コロナ禍中でやれないなら、いつになっても実践できないという見方もできる。政府がデジタル庁を立ちあげ、聖域なしで改革をしていくことを目指しているように、観光に関わる地域や企業においても、DXを推進していくチャンスがきている。

11

a new concept of TOURISM INDUSTRY

スマートツーリズム

観光分野でも応用され始めたスマートシティ

経済産業省は、2020年3月にリリースした「スマートリゾートハンドブック」において、観光地のスマートシティ化の必要性を説いている。〝リゾート〟と表現することで「うちの地域は関係ない」と思われる人がいるのではないかと懸念してしまうが、あらゆる地域・エリアが関係する重要な考え方・概念であると断言できる。したがって、本項ではスマートツーリズムと表現し、説明していきたい。

スマートツーリズムを理解するためには、まず「スマートシティ」を理解しなくてはならない。既に触れたとおり、日本が世界に後れを取っているスマートシティとは、IoTの先端技術を用いて、基礎インフラと生活インフラサービスを効率的に管理運営し、環境に配慮しながら、人々の生活の質を高め、継続的な経済発展を目的とする新しい都市のことである。

２０５０年には世界人口が95億人に達し、エネルギー消費が爆発的に増えることが危惧されているため、世界各国でスマートシティ化に向けたプロジェクトが進められている。日本も例外ではない。近年、ＩｏＴやＡＩ、ビッグデータをフル活用し、交通・防災・健康・医療・エネルギー・環境など複数分野にわたり、官民双方で包括的に連動・最適化するプロジェクトが各地で行われている。

そうしたなか、まちづくりで欠かせない観光の分野でも地域をあげてスマート化を進めるべきだとされており、これが「スマートツーリズム」である。

スマートシティ化先進地域EUが始めた「欧州スマートツーリズム首都」

日本におけるスマートシティ化は、２０２０年１月にトヨタが発表した静岡県裾野市の自社工場跡地を利用した「Woven City（ウーブン・シティ）」を筆頭に、各地でさまざまな実証実験や実装が行われているが、なかでも観光を強く意識しているのが、東日本大震災からの復興を旗印に始まった福島・会津若松のプロジェクトだ。

クリーンエネルギーの活用やエネルギーの効率化はもとより、デジタルＤＭＯ「Visi+Aizu（ビジットアイヅ）」を中心とした観光施策の実施や生産年齢人口の地元定着など、一定の成果をあげている。

だが、実際のところスマートツーリズムにおいては、欧州や米国が一歩リードしている。

ここでは、先進的な取り組みを進める欧州を例にあげたい。

EU（欧州連合）では2019年から、イノベーションによる観光整備促進を目的として「欧州スマートツーリズム首都（European Capital of Smart Tourism）」を選定している。なお、日本語の「首都」には〝中央政府のある都市〟という意味があるが、ここでは〝中心地〟のほうがイメージに近い。

「欧州スマートツーリズム首都」に選ばれると、EUからプロモーション活動に関する幅広い支援を受けることができる。初年度には、19の国から38の都市が公募に応じ、ヘルシンキ（フィンランド）とリヨン（フランス）が選定された。

2020年は、ヨーテボリ（スウェーデン）とマラガ（スペイン）である。

ちなみに、欧州ツーリズム首都の選定は、主に「アクセシビリティ」「サステナビリティ」「デジタル化」「文化遺産およびクリエイティビティ」の4つの分野での評価によって行われている。

観光立国・スペインが行うスマートツーリズムへの取り組み

スペイン南部にある地中海沿岸のリゾート地コスタ・デル・ソルの中心地マラガ。芸術家・ピカソの生誕地であり、スペイン南部の経済と金融の中心地としても知られているこの街は、長年にわたってサステナビリティ、イノベーション、文化の概念を観光戦略に組み込んできたことで「太陽とビーチ」から「芸術と文化」の都市へと変貌を遂げている。

マラガでは、新しいテクノロジーを活用して訪れる観光客の体験の質を向上させ、最先端の技術を扱う地元企業による革新的な街のキャパシティ向上にも重点を置いている。地域社会を巻き込み、教育レベルでもスマートシティの種を蒔いている。

教育分野に関しては、2020年に実施するプログラムでは、毎月選ばれた学校が、マラガに拠点を置くCIFAL（「UNITAR」と呼ばれる国連研修研究機関のなかで、教育に特化した機関）と連携し、いわゆるSDGsに関する授業を提供する。このほか、学校や大学、団体、一般市民などを対象に、アクセシビリティ、サステナビリティ、デジタル化、文化遺産と創造性に関する教育セミナーも開催する予定だ。

観光分野においては、観光カード「MÁLAGA PASS」利用で、美術館、モニュメント、アトラクションの入場券を割引料金で提供し、観光、レジャー、ショッピング、レストランなどで割引が受けられる。アプリ版では観光ガイドやマップも提供する。

マラガは、サステナビリティにも力を注いでいる。公共のLED照明、20以上のレンタルサイクルステーションの設置、延べ40キロメートルを超える自転車レーンの整備、節水を目的に公園や庭園へのスマート給水システムの設置、大気汚染削減、花粉レベルの監視、環境改善のための「部門別大気質計画」も導入している。

なお、同市は現在、マラガに関する質問に答えるチャットボットツール「ビクトリア・ラ・マラゲーニャ（Victoria la Malagueña）」を開発。スマートフォンにも対応しており、SNSとも連動させるという。

スペインのDTIネットワークが掲げる4つの目標

例に挙げたマラガやマドリード、バルセロナなどを擁するスペインは、欧州のなかでもフランスと並んで最も外国人観光客の多い国であるが、政府内閣がみずから舵を取って、「スマートツーリズム」構想に力を入れている。

同国では、その取り組みのことをDTIネットワークと呼んでいる。ボトムアップではなく、こうしたトップダウンでビジョンを掲げることは重要である。参画するプレーヤーの多彩さやネットワークの広さが、スマート化の成否を分けるからだ。DXでも触れたように、1つの事業者や1つのエリアでできることは限られている。

さて、DTI（Destino Turístico Inteligente）とは、英訳するとSmart Tourist Destinationである。最先端技術によるインフラ強化を含む革新的な取り組みであり、DTIプロジェクトは、イノベーションと観光技術管理のための国営商業団体SEGITTUR（セギトゥル）が運営し、リーダーは観光庁長官が務めている。DTIでは、「ガバナンス」「イノベーション」「テクノロジー」「サステナビリティ」「アクセシビリティ」という5つの軸の分析に基づき、開発や管理に関わるすべての事業者を巻き込んで、地域全体でのビジョンを掲げて進めている。

観光庁長官とSEGITTURが指揮をとる「DTIネットワーク」は、2019年2月に、「革新と技術を通じ、サステナビリティを軸にして観光部門の発展をリードする」という大きなビジョンをもって設立されたが、より具体的な目標は以下の4つだとしている。

1 スペインの観光地のDTI転換とネットワークへの加入を促す
2 「スマート観光地」の商品、サービス、アクティビティの開発において、官民の協力を促進する

3　ネットワークの活動を通じて、スマート観光分野におけるスペインのリーダーシップに貢献する

4　ＤＴＩプロジェクトの質と進化を保証する

さらにネットワークに加入した観光地は、「現状分析→その地域に合った戦略計画→実践」というプロセスを経て「ＤＴＩ」となることができ、その後も継続的に改良を進める、としている。

コロナ禍がスマート化の追い風となるわけ

話を日本に戻そう。コロナ禍はスマートツーリズムを加速させる起爆剤の１つになる。なぜなら何度も書いているようにウィズコロナの旅行では、より一層「安心、安全、清潔」が重要になるからだ。スマートシティでは、あらゆる都市インフラやサービス、情報などがネットワーク上で接続することで、交通機関や観光施設での混雑を緩和し、シームレスでタッチレスな予約手配・決済が可能となる。これらの要素は、コロナ感染のリスクを避

けたい観光客の安心や安全、清潔を担保するのに一役も、二役も買うだろう。

人口密集が加速する都市部でも、人的・経済的なリソースが限られる地方においても「スマートシティ」化は、よりスムーズで環境に配慮したライフスタイルの実現に貢献することが期待されている。殊に地方の観光地においては、デジタル化とサステナビリティは観光再生の重要な柱となる。この先、現在進行中のスマートシティ化プランを〝ウィズコロナ〟向けに再検討する必要もあるだろう。

このたびのパンデミックに学び、日本が持つ技術力を最大限に活用してスマートツーリズムを進めていくためには、これまで以上に官民の協力と情報交換が必要になる。地域の多様な事業者間の連携、地域を越えた協力体制の構築、科学的アプローチを取り入れた観光地域づくりのナビゲーターとなるＤＭＯの活躍も不可欠であろう。

気配りやおもてなしといった日本特有のアナログな配慮に加えて、デジタル領域の知見や技術をうまく活用できれば、まさに鬼に金棒となる。

観光客も住民も、誰もが安心して暮らせるスマートツーリズムの実現に、より一層の期待を寄せたい。

a new concept of TOURISM INDUSTRY

#12 バーチャルツーリズム

オンラインでの体験が重要度を増す理由

新型コロナウイルス感染症の収束に見通しが立たないなか、旅行業界ではオンラインツアーやバーチャルツアーという新たな試みを行う動きが活発になってきている。

特に、その土地での〝旅のシミュレーション〟を可能にするバーチャル・リアリティの活用は過去数年間、世界中の観光地で急速に増加している。本項ではそうした取り組みを総称して「バーチャルツーリズム」とし、国内外の事例をあげるとともにその成功の秘訣に迫りたい。

ここ数年、技術の発展のみならず汎用性の向上に伴って裾野が広がっているバーチャル・テクノロジーは、目的地やホテルを探索するユニークでイマーシブ（没入型）な方法を可能にしている。こうした革新技術で探索可能になるのは、アクセシビリティが低い文化遺産や、一般公開されていない（できない）保存文化財にもおよぶ。

コロナ禍における一過性の取り組みにしない

観光地側とりわけマーケティング担当者は、インターネットを通じて潜在的な旅行者に無形の観光体験を伝えることができる。重要なのは、オンラインでの体験が、リアルでのデスティネーションを決める際の決定打となる可能性を秘めていることである。

そんなバーチャルツーリズムであるが、今般のコロナ禍でより注目度が高まっている理由は、「〝3密〟が避けられる」「移動が不要」「遊休施設・人材が活用可能」といったメリットがあるからだ。しかし、コロナ禍における一過性の取り組みだと効果は薄い。世界の観光業に打撃を与えているこのパンデミックに関係なく、いかに継続的な事業として行うかが求められるだろう。

継続的な事業として行うために考えるべきは、「集客の方法」「課金のしくみ」「他者との差別化」などである。さらに、どのテクノロジーを採用するか、どのような商品やサービスと組み合わせるかなど、それぞれのビジネスの目的に合った方法論の選択も重要なポイントとなってくる。

リアルでは不可能な新規顧客の獲得にもつながる

2020年6月に実施した当社セミナーに登壇いただいた、オンライン宿泊の先駆け後呂《うしろ》孝哉氏のゲストハウスWhyKumanoのオンライン宿泊や、唐沢雅広氏の「あうたび合同会社」が主催したオンラインツアーのように、Zoomを使用したオンライン宿泊やツアーは主催者と参加者、また参加者同士のリアルタイムでの交流（インタラクティブ・コミュニケーション）が実現するといった強みがある。

さらに動画やクーポン、特産品などの物販を組み合わせることで「収益確保」や「他者との差別化」につなげることも可能である。私が参加した琴平バスのオンラインツアーでも、ツアーの途中で地域の産品を売る店舗に寄ったうえで、そこで売られているものを実際に買うことができるECサイトを紹介していた。

WhyKumanoのオンライン宿泊は、20～30代をメインに高校生から70代まで、また外国人、足が不自由な方など幅広い層の利用があったという。「旅行のハードルが高いゲストの受け皿にもなり得ることを考えると、オンライン宿泊はコロナショックに関係なく、今後もニーズがある」と後呂氏は述べている。実際、先の琴平バスのツアーでも、東北から足の悪い高齢者が参加していた。話をうかがってみると、娘さんが島根県の神楽を見に行くことが夢だった母をオンラインツアーに誘ったのだという。リアルでは集客できなかった顧客の獲得につながっているという点に大きな示唆がある。

たとえバーチャルツーリズムでコロナ禍以前の収益を取り戻すことが難しいとしても、プロモーションとしての効果は大いに期待できる。既存の集客方法よりも、費用対効果が高いのならば、コロナ禍収束後も継続する価値があるといえるだろう。また、最近では、投銭制度機能も整ってきている。たとえば従来は広告収入が主だったYouTuberも、「スーパーチャット（スパチャ）」と呼ばれるこの機能で、ファン（視聴者）からの支援を得るという流れもある。

こうしたオンラインツアーは、ライブ配信によるものが多い。次項で詳述するが、ライブ配信では、リアルタイムならではの特別感や臨場感、そして緊張感を伝えられることに加え、最新情報を届けられることなどに強みがある。

動画配信という選択肢の利点

ライブ配信ではなく、録画した動画を提供するという選択もある。そのメリットは、編集によって質の高い映像を提供できる、繰り返しでの視聴が可能といった点だ。このパンデミックを機に独自のYouTubeチャンネルを開設した事業者も少なくない。

その1つ、東京のスタジオジブリ美術館は2020年3月からYouTubeチャンネルをスタートさせている。同館の閉鎖中、スタジオジブリのファンに美術館を体験してもらうのが主な目的であった。通常、スタジオジブリ美術館へのビジターは展示の写真を撮ることが禁止されている。繁忙期を中心に、チケットが手に入りにくい状況もあったことを考えれば、ライブ配信ではないものの、動画の配信もファンにとって特別感があるといえる。

UNWTOをはじめ世界中の観光協会が動画を用いたデジタルキャンペーンで、その土地の美しい映像と未来への希望のメッセージを公開している。コロナ禍以前からあった動画配信の流れは、コロナ禍発生後も続いており、もう一度旅行に誘う強力なマーケティングツールとして重宝されている。

海外の美術館や博物館で広がるバーチャルツアーとは

この動画配信においても、バーチャル・テクノロジーを用いる例が増えている。

筆頭に挙げられるのが、コロナ禍によって一時閉館、あるいは一定の制限を強いられている美術館や博物館、ギャラリーであり、少なくない数の施設がバーチャルツアーを取り入れている。

たとえば英国・ロンドンにある「大英博物館」は、ロックダウン中の2020年3月に同館のウェブサイト上で「自宅で博物館を体験できる11の方法」を紹介している。そのなかで最も人気があるのは、Googleストリートビューツアーであったという。もちろん、大英博物館の代表的な展示物、ロゼッタ・ストーンや黄金のミイラの棺、モアイ像なども見ることができる。

この世界最大級の博物館に限ったことではないが、訪れたユーザーをさらに施設内部へと引き込むには、「没入感」が必要である。詳しくは後述するが、この「没入感」を与えるイマーシブ・テクノロジー（没入型技術）こそ、ポストコロナ観光の成功のカギとなると予測する専門家もいる。

ところで、先のGoogleストリートビューツアーには、ポップアップや追加の情報は含まれない。そのため、展示内容を理解するのは簡単なことではない。そこで利用されているのが、Google Arts and Cultureというサービスである。

同サービスは、展示の詳細に迫るために、画面下部のプレイス・カードから簡単にスキップして特定の作品の前までダイレクトに移動したり、美術品をクリックすることでより詳細に鑑賞したりすることができるため、アートを肌で感じるのに有効だといえる。

大英博物館でもGoogle Arts and Cultureは利用されているが、他の施設でも活用しているところは少なくない。ニューヨーク・マンハッタンにあるソロモン・R・グッゲンハイム美術館も、このGoogle Arts and Cultureを利用している。

イマーシブ・テクノロジーを使ったフェロー諸島の取り組み

ここで、斬新なイマーシブ・テクノロジーについて説明していきたい。

イマーシブ・テクノロジー（immersive technology）とは、3D、インタラクティブ機能、シームレス、グラフィックやアニメーション、音響効果などを用いて視覚・聴覚の連動をはかり、ユーザーに「没入感」を与える体験を提供する技術で、「拡張現実（AR）」「仮想現実（VR）」「複合現実（MR）」などとも呼ばれる。

コロナ禍においては空間全体をつくりあげるクリエイティブ・カンパニーとして注目を集めるNAKED,INC.が、2020年3月に新型コロナウイルス感染防止のため1週間で中止となった「FLOWERS BY NAKED 2020 −桜− 世界遺産・二条城」をオンラインで再開し、自宅でも楽しむためのVRコンテンツとスマホゴーグルのセット販売を実施したり、温泉地とコラボした『オンライン温泉体験！』（入浴剤と360度VRのヴァーチャル星空ツアー、防水クリアケースのセット販売）を実施したりするなど、事業継続に向けた収益確保に、いち早くイマーシブ・テクノロジーを取り入れることで成果をあげており、話題となっている。

ほかにも、アート集団・チームラボの視覚的なプロジェクションと物理的なインスタレーションを組み合わせたイマーシブな空間演出が人気を博している。

次に、イマーシブ・テクノロジーを利用した海外の観光事例もいくつか紹介しよう。

リアルRGP？　フェロー諸島で行われた〝リモート・ツーリズム〟

ライブストリーミングとオンライン上のコントローラーを用い、独自性の高い「リモート・ツーリズム」を試みたのは、デンマークの自治領であるフェロー諸島である（※2020年6月に終了）。

フェロー諸島自治政府は、新型コロナウイルス感染の広がりを避けるため島外からの訪問を3月から禁止した。そこで同諸島観光局は、オンラインで世界中からこの諸島の魅力を体験できる「リモート・ツーリズム」を始めた。

観光客が、スマートフォンやパソコンで無料参加できるバーチャルツアーでは、ツアーが始まる時間になると、カメラを頭につけたガイドが現地からリアルタイムで紹介する素晴らしい景色のなかを参加者は歩く・走るはもちろん、カヤック、乗馬、ハイキングなどのアクティビティにも参加し、自分の住む街（家）から出ることなく楽しむことができる。

興味深いのは、「観光客」が画面上のコントローラーでジャンプボタンを押すとガイドが実際にその場でジャンプしてくれたり、行ってほしい方角を1分間「操作」することもできる点だ。さながら〝リアルRGP〟であり、イマーシブなコンテンツだといえる。オンライン上で、現地ガイドを遠隔操作するという世界初の試みが注目を集めた一例である。

エジプト、スペイン、バチカンの没入感あふれるバーチャルツアー

観光収入に大きく依存するエジプトでも、政府観光局による3Dバーチャルツアーが公開されていた。遺跡のなかを歩けるだけでなく、360度回転させて天井に描かれた壁画も見ることができ、ファラオ・ラムセス6世の墓の奥深くまで非常に詳細に視聴者を案内する見事な「没入型」ツアーである。

スペイン・バルセロナのピカソ美術館のホームページ上でも、印象的な建築物を360度見学できる。このバーチャルツアーは自動で動く仕組みになっているが、ユーザーは自

由にスクロールして好きな場所を見ることもできる。さらに、そのナレーションが素晴らしく、「没入感」を高める効果の１つとなっているといえよう。

イタリア・ローマにあるバチカン市国のバーチャルツアーは、技術的にピカソ美術館に似ており、７つのスペースを３６０度見渡すことができるようになっている。画面からバチカンの壮大さを１００％で感じることは困難かもしれないが、この体験の後、多くの人々がこの場所を訪れたいと思うようになるだろう。

日本政府による「Ｇｏ Ｔｏトラベルキャンペーン」に対する世論などから察するに、コロナの蔓延が収まりつつあったとしても、市井の人々の旅行へのモチベーションをコロナ禍以前の水準まで高めるためには、特段のきっかけが必要そうである。そのきっかけとは、金銭的な優遇以外にも、旅行への思いを盛りあげる「魅力そのもの」を伝えることも重要であり、その１つのツールとして〝イマーシブ・テクノロジー〟は十分にポテンシャルを持っている。

試されているのは「企画力」

現在、前例のない新たな課題に直面している観光に携わるマーケティング担当者は、他に負けないよう適切な戦略を実施したいと考えていることだろう。重要なのは、バーチャルにおいては比較対象が一気に広まること。さらに、手で触ることができないものに課金してもらうためには「他者との差別化」は不可欠であることだ。

「地域に魅力さえあれば、特別な何かをしなくても観光客が来る」というのは、限られた観光地の特権であり、ほとんどの地域・エリアは魅力を伝えることに注力すべきであるが、そこで担当者に試されるのが「企画力」である。

バーチャルツーリズムを行ううえでも、この企画力は必須であるが、いくつか考え方がある。

まず、従来からあるファムトリップ（プロモーションのための招待旅行・ツアー）を応用し、SNSなどで影響を持つ人や著名人、いわゆるインフルエンサーを招くという方法がある。はっきりいって、バーチャルツーリズムでの集客をその地域のリソースだけで行うのは容易ではない。そこで、インフルエンサーを招待し、ナビゲーター役を任せるのである。

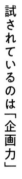

〝SNSなど〟と書いたのは、SNSの影響力がそこまで大きくない場合でも、集客につながるインフルエンサーがいるからだ。ツアーにニッチなテーマ性を持たせ、その特定の分野での第一人者すなわち専門家やツアーガイドを招待し、解説してもらうという方法だ。

リアルでは不可能な付加価値をつける

京都には、専門的知識を持った住民自身がガイドするミニツアーが数多く掲載されている「まいまい京都」というサイトがある。ここに掲載されている企画の視点は、大いに参考になる。

興味深いのは、そうした専門家はバーチャルならではともいえる、リアルでは不可能な超移動を実現し、企画を深掘りしていることだ。庭園をテーマにしたバーチャルツアーであれば、京都の庭園で始まり、いきなり舞台を奈良へ移すというようなことも可能である。あるツアーでは、『ブラタモリ』でもおなじみの地形の専門家が京都を案内しているが、最終的にはGoogle Earthを駆使してローマまで飛ぶ。リアルのツアーで回れる場所は、2時間でせいぜい数ヵ所だが、バーチャルなら10ヵ所以上回ることも不可能ではない。

非公開エリアに入ることで、特別感を演出することも可能だ。重要文化財などを筆頭に「保存」を目的として立入禁止としているところも、バーチャルツーリズムであれば大人数でも入ることができる。「まいまい京都」のツアーでも普段は非公開となっている二条城の東大手門の内部に入れる企画があるが、初回は500名定員で完売、第2回はテレビでもおなじみの歴史学者磯田道史氏が案内役を務め、900名を販売した。このようなバーチャルならではの付加価値をつけていくことができると成功に近づく。

5000人以上が参加した「オンライン青森夏祭り」

2020年8月1、2日を中心に、ウェブ会議システムZoomやYouTube LIVEを活用したオンラインイベント「オンライン青森夏祭り」が開催された。

同イベントは、コロナ禍によって一般参加ができなくなった青森四大祭りである「青森ねぶた祭」「弘前ねぷたまつり」「八戸三社大祭」「五所川原立佞武多（たちねぷた）」の祭囃子リレーや、「アマビエねぷた製作体験」「屋台料理教室」をオンライン上で体感してもらう狙いで開催されたものだ。運営には70以上の団体、総勢約500人が関わったという。

配信された映像は、合計60時間近く、海外からの視聴者も含めると5000人以上が視聴。損失となった経済効果の補填と今後の運営資金の確保のため、地元産品を返礼品として送り寄付を求める取り組みは、オンライン上で投銭を行うシステムなどを通じて、約100万円が集まったようだ。

通販と組み合わせて「生産者支援」という付加価値をつける

アクティビティや生産者支援などの目的と組み合わせて、バーチャルフードツアーに付加価値を生みだしている企画もある。

先にも紹介した「日本中の素敵な人に出会う旅」を企画提供する「あうたび」は、各地のお酒とおつまみなどを組み合わせた特産品セットを事前購入した参加者が、生産者と直接交流できるオンラインツアーを実施し、反響を得ている。新型コロナウイルスの影響により商品の出荷が激減している酒蔵や生産者を応援する目的で始めた企画だ。

「茨城の酒蔵とあんこうつるし切り」「新潟県のクラフトビールとジビエの達人」など独特のテーマに加え、生産者本人が登場し手を動かすシーンを映すことで、現場の臨場感が伝わるように工夫を凝らしている。

代表の唐沢氏は、先に触れた当社セミナーにおいて、「少しでも地域のみなさんの売上につながり、コロナ終息後には、実際にその土地を訪れるきっかけになれば」と思いを語ってくれている。

また、「旅行精神を維持し、地域経済を支援するために、自宅から日本への旅行をお手伝いする」というコンセプトで2020年8月開始の新事業「Peko Peko Box」は、定期的なライブショーやビデオストーリーのほか、コロナショックの影響を受けている地域メーカーをサポートする目的を兼ねて、日本のお土産やお菓子の詰め合わせボックスの海外発送も行っている。

屋久島の「遊漁船さかなのもり」と南西旅行開発は、2020年5月に「屋久島の森と海のつながりを感じるオンラインツアー」を開催している。料金は3000円で、ツアー当日までに屋久島の海産物を使った食べ物や調味料が入ったセットを届けた。主催者と漁師の家族、5人がツアーガイドとなり、参加者7人を案内し、動画や写真を駆使し遊漁船での海釣り体験を再現したという。実際の釣り道具を見せながらのレクチャーやライフジャケットを着用しての安全講習、参加型で楽しめるようビンゴゲームを取り入れるなど、臨場感ある演出に工夫を凝らし、ビンゴゲームで釣れた魚の特徴やおいしい食べ方などを紹介した。「楽しかった。屋久島に行ってみたくなった」「魚釣りの場面がワクワクして、自分が釣りあげているところを想像した」など、参加者からも好評であったそうだ。

アフターコロナにおいても大きな可能性を秘めている

本項では、さまざまなバーチャルツアーをみてきた。実際、既にビジネスとしても成果につながっているもの、新しい顧客接点を獲得するためのもの、バーチャルでのつながりからリアルへ誘導するためのもの、過去の顧客に再アプローチし、思い出してもらうためのものなど、目的も多様である。いずれの目的にせよ、伝えたいポイントが1つある。

バーチャルツアーの醍醐味は、コロナ禍におけるリアルツアーの代替手段ではなく、持続的な新しい価値を創造することにある。

コロナ禍において我々はこれまで以上にオンラインでの情報収集や体験に慣れ親しんだ。それを支えるインフラもさらに充実しつつある。コロナ禍におけるリアルの代替手段として取り組むのでは、あまりにももったいない。

逆に、これを最大限生かすにはどうすればいいか。バーチャルを活用することで、リアルの付加価値をさらに高めることができないか。バーチャルとリアルを融合することで新しい旅のあり方を提供できないか。こうしたことをとことん考え抜く機会にしてほしい。

実際、琴平バスの事例でも紹介したようにリアルでは参加できない人に新しい参加手段を与えたり、「まいまい京都」のようにバーチャルでしか提供できない価値も存在する。商談会や大型イベントもバーチャルとリアルのハイブリッド開催も増えつつある。

新しい観光を再生するうえで、ぜひバーチャルツアーの可能性についてより深く探ってもらいたい。

a new concept of TOURISM INDUSTRY

#13 ライブコマース

拡大するライブコマース市場

先に書いたバーチャルツーリズムには、事前予約が必要なクローズドで有料のものがある一方、不特定多数に対して無料で行われるライブ配信も増えてきている。

そのなかで〝売ること〟を目的としたライブコマースについて、ここでは注目していきたい。

日本ではテレビショッピングの「ジャパネットたかた」が〝生放送〟で売上を伸ばしたことがよく知られているが、インターネットやさまざまなＩＴ技術を用いた新たなライブコマースの潮流は中国で大きくなっている。

中国のライブコマースの市場規模は２０１９年に約６兆～７兆円といわれ、２０２０年に約13兆～14兆円にまで成長すると予想されている。同国では、ライブコマースを教える専門学校が人気を博し、現場の販売スタッフにそのノウハウを学ばせている商業施設もある。

取引の対象となっているのは、食品や家電、不動産、自動車などありとあらゆるもので、そのなかには旅行関連の商品も含まれている。

プロフェッショナルがつくる新たなマーケット

そうしたなか、中国最大のオンライン旅行会社「携程（Trip.com）」の創業者である梁建章氏がコロナ禍において、自ら観光宣伝のライブ配信を行ったことが話題となった。

２０２０年７月の時点で計14回のライブ配信イベントが行われ、総売上高は約91億円に達したようだ。同社の最新の決算（２０２０年第２四半期）でも、梁氏のライブコマースが功を奏し、市場のコンセンサス（見通し）を大きく上回る売上を記録した。同氏は日本経済新聞社のパートナーメディアである「36Kr Japan」のなかで、こう話している。

「国内外の有名な観光地を熟知した観光のプロでなければ、旅行のライブ配信をうまくやるのは難しい。特に私たちが現在行っているのは主に高級ホテルの紹介であり、それらを大量に体験したことのある人物はすぐには見つからない。そこで私は自分で配信することにした」

この言葉にもあるように、ライブ配信を通じた販売には、ユーザーが信頼するプロフェッショナルによる血の通った言葉が欠かせない。中国でいえば、「網紅《ワンホン》」と呼ばれるインターネット上で活躍するインフルエンサーがおり、こうした人材を抜擢する動きは衰えそうにない。

後述するプラットフォームも重要であるが、それ以上に「人」にファンがつくことを忘れてはならないということだ。

同グループは、日本市場向けにもライブコマースを既に行っている。プロフェッショナルとして登場しているのは、「おのだ／Onoda」氏や「Koya Travel／こやトラベル」氏、「がみ」氏といった旅系YouTuberの面々だ。2020年7月14日に行った配信では、一晩で7360万円の売上につながったという。

さらに翌日、中国向けに日本国内のホテルを紹介するライブコマースを行った際には、一晩で2万2912室の予約、計3億9000万円の売上があったとしている。

インタラクティブコミュニケーションとエンタメ性は必須

では、こうしたライブコマースを成功させるには、どういった点に留意すべきなのだろうか。1つは、ライブ配信の特徴であるインタラクティブなコミュニケーションをしっかりと活用することだ。

たとえばある高級ホテルをライブ配信で紹介する場合、「窓から見える景色も映してほしい」「どんなプールがついているの?」といった要望に応えていくことが求められる。そうした視聴者からの要望を受けたときに、プロフェッショナルが独自の視点と知識を交えながら、臨場感あふれるかたちで伝えることができると、購買意欲が一気にかき立てられる。したがって、登場してもらうプロフェッショナルの選定もさることながら、施設からの事前レクチャーも欠かせない。なるべく多くの情報を用意し、その都度対応してもらえるような準備が大事であるということだ。

さらに、エンターテインメントとして面白いことが大前提にある必要もある。したがって、コマースを押しすぎるとエンタメ性の低下につながる点は要注意だ。実用性だけを求めるなら、通常のインターネット販売で十分に事足りる。ライブならではのエンタメ性を追求していくことが求められる。

そうした意味では、先ほど「なるべく多くの情報を用意する」と書いたが、だからといってカチッとした台本を用意するのは得策ではない。最低限の流れだけをつくり、あとは視聴者とのコミュニケーションを大事にしながら進めていくのがいいだろう。

加えてスマホで視聴するという人も多い。当然ながらその画面はテレビに比べ、圧倒的に小さい。このことも配慮し、コンテンツをつくっていかないといけない。

どのメディアがどういったユーザーと相性がいいかも見ていく

親和性の高いメディア（プラットフォーム）を使うということも大事だ。

10代後半から20代前半の利用者しかいないメディアで高級ホテルのコマースをするのが得策ではないことは、火を見るより明らかである。

ライブコマースを行うメディアとしては、既存のSNSを活用したもののほか、オンパモール（ONPAMALL）やショールーム（SHOWROOM）といったプラットフォーム型、SaaS（Software as a Service）と呼ばれるLive KitやTAGsAPI、Rakuten LIVEやヤフーショッピングといったモール型のものがある。どのメディアがどういったユーザーと相性がいいかをしっかりと見ていく必要がある。

もちろん、配信を終えた後には、視聴者データを次につなげることも忘れてはならない。どのタイミングで売上につながり、どういったきっかけで視聴者が離脱したのか、あるいは視聴者の属性はどうだったのかといったデータを分析しなければ、大きな成功にはたどり着けない。まだまだ発展途上のライブコマースゆえ、継続的な改善のためのＰＤＣＡサイクルを回すことが欠かせないということだ。

観光地や観光施設目線で考えたとき、ライブコマースといった新しい集客・販売手法を利用することで、これまでとは違う客層へリーチすることが可能だ。これまで年配の層が中心だった地域や施設にとっては、ライブコマースを積極的に活用するやや若めの層を取り込むことにつながる可能性もある。持続可能な観光地・観光施設をつくるために比較的若い客層をどう掴んでいくかは重要であり、選択肢として検討してみる価値は十分にある。

こうしたノウハウは、日本のライブコマース市場に限っていえば、確立されたものが既にあるというよりも、これから築きあげていく段階にある。トライアンドエラーをしながら、進めていくといいだろう。

#14

a new concept of TOURISM INDUSTRY

AI・ロボット／非接触型機器

コロナ禍で導入の機運が高まった

新型コロナウイルス感染症によって、AIやロボット、非接触型機器のニーズが高まっている。たとえば非接触型機器の代表であるキャッシュレス決済については、ここ数年、政府主導で普及させようと動いていたが、コロナ禍によってその機運は一層高まっている。

加えて、トリップアドバイザーが行った旅行者へのコロナに関する調査によると、海外では日本以上に非接触型機器のニーズが高いという結果も出ている。

したがって、外国人観光客が戻ってくる未来を見据えると、機運が高まっているいまこそ、積極的に導入していくといいだろう。

こうした技術は、DXの項目と重なるところも少なくないが、DXが新たな価値を創造することに重きを置かれる一方で、AI・ロボット、非接触型機器はより経営的無駄をなくすことや、未知なるウイルスから現場の従業員を守ることに役立てることができるといえる。

私自身も泊まった中国・杭州で2018年12月にオープンしたホテル「FLY ZOO HOTEL」は中国のIT大手・アリババが最新のテクノロジーをこれでもかと詰め込んだ宿泊施設であるが、ありとあらゆるものが無人化・自動化、タッチレス（非接触）化されていた。仮に私がマスクをせずに同施設を訪れたとしても、感染を拡大させるリスクは限りなく抑えられるだろう。消毒の手間やコストも小さくできる。

タッチレスや自動化といった利便性の向上は、コロナ禍後にも役立つ

具体例でみていこう。たとえばNECの顔認証技術は、出入国管理や国民IDなど国家レベルでのセキュリティのほか、企業での入退管理やPCログオン、決済など、さまざまな用途で使われているという。この技術を活用しているのが和歌山県南紀白浜である。

2019年に始まったこの「IoTおもてなしサービス実証」は、エリア内にあるさまざまな施設で、利便性・快適性を高めるサービスに加えて、付加価値のあるサービスも提供している。具体的には、事前にスマートフォンを通じて、顔情報とクレジットカード情報などを登録しておくと、非接触の顔認証による決済が行えたり、利用者プロファイルに

基づく観光案内やサイネージ広告を表示できたり、客室の解錠、出迎え、テーマパークのファスト入園などの追加的サービスが受けられるようになる。

こうした先端技術を用いた施策は、コロナ禍中でも進められている。

福岡では、2020年4月にキャッシュレス決済や遠隔での監視システム、ロボットによる接客が特徴のコンビニエンスストア「ロボットマート」が博多マルイ内にオープンしている。現金での決済はできず、クレジットカード、銀聯カード、電子マネー、デビットカード、QRコード決済にのみ対応している。

AIを用いた新たな体験を創出しているのは、JR東日本ウォータービジネスだ。駅構内にAIを搭載した多機能型自動販売機を設置し、多言語に対応していることに加え、カメラで識別した利用者の性別と年齢層といった属性や外の気温、時間帯などに応じてオススメを提示する。東京駅、新宿駅、秋葉原駅、高輪ゲートウェイ駅などに設置されており、AI接客システムが利用データから学習していくため、これからの展開にも期待できる。

海外でも先端技術の導入は進む。

たとえばタイ・バンコクのショッピングモール「セントラル・ワールド」では、さまざまな5G技術を搭載したロボットが活躍している。マスク未着用者を認識し、注意喚起を行ったり、消毒液を配ったり、顧客対応をしたりしている。

国際的な安全基準をクリアしたメキシコのリゾート

メキシコのバハ・カリフォルニア半島の最南端に位置するリゾートエリア、カボ・サン・ルーカスにあるSolmar Hotels & Resortsでは、非接触型に大きく移行している。ゲストの安全と安心を確保するための継続的な取り組みとして、新しい非接触型ルームエントリー技術と、すべての客室とレストランで非接触デジタルメニューを導入している。

同リゾートグループの副社長Ricardo Orozco氏が、「お客様と従業員の健康は最優先事項です」と語っているように、アクセシビリティや快適さ、セキュリティの向上のための非接触型技術を惜しみなく活用したことで、メキシコ政府による「Punto Limpio v2020 Quality Seal」という称号を取得したという。これは、コロナ感染予防のために厳格な衛生ガイドラインを遵守していることを証明するものだ。

非接触型ルームキーは、スマホを介してオンラインで受け取ることができ、レストランでは、収容人数の削減や衛生面を考慮したうえで、QRコードを利用したデジタル非接触型の飲食メニューを導入している。これらは、利用者だけでなく、従業員の手間とリスクも軽減できる。

なお、同リゾートは、国際的な安全基準である世界旅行ツーリズム評議会（WTTC）の「Safe Travels」の称号も取得している。中長期的な目線で外国人観光客が戻ってくることを視野に入れると、こうした国際的な動きに歩調を合わせることも重要である。

信頼回復に向けた空港と航空会社の取り組み

ここ数年、世界の旅行業界では「シームレス」という言葉が流行語の1つとなっている。旅行前、旅行中、旅行後のすべての瞬間がスムーズかつ快適に、旅行者のニーズや興味に合わせてカスタマイズされることがシームレスの最終的なゴールである。

とはいえ、コロナ禍で大きな打撃を受けている空港や航空会社にとっては、まずは信頼回復が目下の目標である。そうしたなか各社は〝非接触〟への取り組みを進めている。

航空会社は、消費者に再び飛行機に乗ってもらうべく、毎週のように安全性と衛生面での対策を発表している。たとえば、ルフトハンザが航空券をコロナ検査に結びつけると発表すれば、エミレーツは乗客にコロナ関連の医療費や隔離費用に対する無料の保険を提供するとリリースするといった具合だ。

ユニークな取り組みだと、アメリカ発のLCCの1つJetBlueが、健康・衛生対策の一環として、ニューヨークのジョン・F・ケネディ国際空港とフロリダのフォートローダーデール・ハリウッド国際空港の航空機に紫外線清掃ロボットを試験的に搭載したという。

生体認証、スクリーニング検査、体温などを測定するスキャナー、タッチレスバッゲージドロップなどのテクノロジーが航空旅行の新常識となることは必至だとする主張は、そこかしこで見られる。

ノルウェーの空港運営会社Avinorは、44の空港を運営しているが、乗客がチェックインし、荷物を預け、セキュリティを通過してフライトに搭乗するまでの全過程をタッチレスで行える技術を試している。リモートチェックインとバーコード形式の搭乗券は、モバイルデバイス1つで利用でき、加えてこのバーコードは、空港のセルフスタンドで使えるクーポンとしても機能する。もちろん、乗客は自分自身で荷物を預けることもできる。

補助金や助成金もうまく活用しながら導入を進める

コロナ禍においては、こうしたAIやロボット、非接触型機器の導入に関連する補助金も少なくない。

たとえば東京観光財団では、宿泊事業者を対象に、3密の回避などの「ニューノーマル」

に向けた非接触型サービスの導入を支援している。最大２００万円の設備導入費用の補助のほか、アドバイザーの派遣（無料）もあるという。

あるいはコロナ禍の発生の前からあった、経済産業省が主導する中小企業や小規模事業者を対象にしたＩＴ導入補助金も、引き続き活用できる。

地域や業界ごとにさまざまな補助金、助成金があるのでうまく活用し、レベルアップした状態で、将来的に戻ってくる観光客を迎え入れるといいだろう。

第3章

観光の新たな「トレンド」を捉え、対応する

a new concept of
TOURISM
INDUSTRY

a new concept of TOURISM INDUSTRY

#15 アフターインスタ映え

加速する「食の多様化」

日本を含めた世界中で、ライフスタイルや価値観が多様化している。さらに、国際観光の発展に伴い、さまざまな生活様式や食習慣を持つ人たちが交錯するようにもなった。そうしたことから、飲食に関わる事業者を中心に、「食の多様化」に対応することは、事業者自身もさることながら、地域全体の稼ぐ力の向上につながるとされ、日本国内でもそうした成功例も出始めていた。

そんな最中、新型コロナウイルス感染症が世界中に広まっていった。いうまでもなく、このパンデミックは飲食業に携わる事業者にとっても大きな打撃となっている。

では、ウィズコロナ時代やその先を見据えたときに、コロナ禍の〝前〟に起きていた「食の多様化」への流れは減速するのだろうか。私はむしろそれは加速すると見ている。

具体的には、これまでのハラールやベジタリアンなどの「食の禁忌・制限」への対応に加え、食が果たす役割や責任、サステナビリティを意識した選択がスタンダードになってくるだろう。

前置きが少し長くなったが、本項目と次項目ではそのような「食」に関するウィズコロナの先を見据えた国内外の取り組みについて考察していく。

「食の選択」におけるニュー・スタンダード

最初に、人々が食品やレストランといった「食」において、選択する際の新たな動機について触れていく。

本書で何度も取りあげている「サステナビリティ」は、この食においても存在感を増している。一例をあげれば、2017年に流行語大賞にも選ばれた〝インスタ映え〟という言葉がある。多くの飲食店が、この社会的現象に合わせた商品を開発・提供しているが、そうした動きも「サステナビリティ」に即したものでなければ、〝時代遅れ〟といわれる可能性をはらんでいる。

桜美林大学の教授で環境学が専門の藤倉まなみ氏が、「インスタ映えによる食品ロスの増加」を指摘しているように、見た目を重視するあまり、必要以上にプラスチックゴミが増えたり、食べ残しが発生したりする状況は、サステナビリティに反しているといえる。そうした飲食店は、消費者から敬遠される時代に移りつつある。

重要なのは、こうした食品ロスのゼロ化や過剰包装の削減、あるいは生産者の持続可能な生活を支えるためのフェアトレード、後述する食品の安全性・環境への負荷を知るためのトレーサビリティーといった考え方が、世界中で「食」を選択する際の決定要因となっていることである。

「ただ美味しければいい、見た目がよければいい」という時代の終焉

より詳しくみていきたい。

まず、ＦＡＯ（国際連合食糧農業機関）が２０１９年のテーマにも挙げていた食品ロスについて。日本は年間６００万トンの食品を捨てているとされ、食用として生産された農

水産物のうち、3分の1ほどは消費されることなく廃棄されているという。

残念ながら、世界的に見ても食品ロスは人口増加などにより増える傾向にある。そうしたことから、SDGsの目標に、世界全体の1人当たりの食料廃棄を半減させ、生産・サプライチェーンにおける食品ロスも減少させることが掲げられている。

日本でも、2019年10月に食品ロス削減推進法が施行され、自治体に削減計画策定を求めたり、事業者に食品ロス削減に取り組むよう努力義務を課したりしている。今後、インバウンドや国内旅行者のみならず、一般消費者の間でも、食品ロスへの意識は高まることが予想される。

ただ美味しければいい、ただ見た目がよければいいという時代から、食品ロス（サステナビリティ）に配慮しているか否かが、消費者の満足度や評価へと直結するようになっていくということだ。

このような〝インスタ映え〟を重視しすぎた弊害は、食以外の分野にも起きている。たとえばインスタ映えスポットとして、風光明媚な写真を宣伝に用いることが少なくないが、あまりに現実離れしたものだと満足度低下につながりかねない。

京都や北海道の美瑛といった観光地では、インスタ映えを求めて、旅行者が踏み込んではいけないエリアに入り、環境にダメージを与えたり、地域住民に迷惑をかけたりする事態も起きている。

責任ある水産物への認証制度

具体的な動きも見られる。漁業部門では、WWF（世界自然保護基金）が行う国際的な海洋保全活動をサポートするための取り組みが2つある。

1つは、海洋管理協議会（MSC＝Marine Stewardship Council）の厳正な認証規格に適合する、水産資源と環境に配慮し適切に管理された漁業で獲られた持続可能な天然の水産物にのみ認められるMSCラベル、通称「海のエコラベル」である。

もう1つは、責任ある養殖水産物のみに認められる、水産養殖管理協議会（ASC＝Aquaculture Stewardship Council）認証制度である。ASCラベルによって、消費者は水産物を選ぶとき、一目見るだけで「どこで、どのように育てられたかわかり安心して食せる」ようになる。さらに、その水産物が「責任ある養殖方法を実践する養殖場で生産されたもの」ということがわかるため、消費者は環境や社会に配慮した責任ある選択をすることができる。

中国で急進する「トレーサビリティ」の取り組み

「その製品がいつ、どこで、だれによってつくられたのか」を明らかにし、さらに原材料の調達から生産、そして消費または廃棄まで追跡可能な状態にすることを「トレーサビリティ（Traceability）」と呼ぶ。

日本語では「追跡可能性」と訳されることが多い。近年では、製品の品質向上に加え、安全意識の高まりからトレーサビリティの重要度は増しており、自動車や電子部品、食品や医薬品など幅広い分野に浸透している。

長年、食品業界に携わってきた野村総合研究所の岩村高治氏は『NRI JOURNAL』の記事のなかで、「生産から加工、流通、小売りに至るフードチェーン全体でデジタル化と情報連携を進めれば、食品ロスの削減や効率化、付加価値の向上につながる」と話している。

このような「トレーサビリティ」において、ＩＴを駆使して取り組みを加速させているのが中国である。ジャック・マー氏が創業したアリババが提唱する「ニューリテール（新しい小売り）」にもつながる取り組みである。

中国のEC（electric commerce）最大手であるアリババが展開する「盒馬鮮生（フーマーフレッシュ）」と、EC大手「京東集団（JD.com）」傘下の「7FRESH（セブンフレッシュ）」、これらの生鮮食品を中心としたスーパーでは、野菜や果物ひとつひとつにQRコードを付け、専用の機械で読み取ると、陳列棚の上にある巨大なスクリーンに産地や購入者の評価などの商品情報が映しだされるようになっている。

水槽を泳いでいる魚にもQRコード・タグが付けられ、スマホをかざすとどこで水揚げされたのかなどの情報がわかる。

粗悪な原材料や産地偽装、健康被害など「食」に対する不安が存在する中国国内では、トレーサビリティが安心・安全な食材を流通させる方法として消費者から歓迎されていることも背景にある。

なお、これら大手傘下のスーパーで実践されている、オンライン注文、スピード配送、セルフレジ、キャッシュレス決済は、時短はもちろん、密や接触を避けることにもつながり、まさにウィズコロナ対策に適しているといえる。

消費者はより安全・安心を求めるようになっていく

ここまでは、主に食の選択における新たな「動機」について述べてきた。繰り返しになるが、その「食」が経済、社会、環境にどういう影響を与えるのかは、美味しさや見た目の良さなどと並んで、食を選ぶときのキーファクターになっていくということだ。

この流れは、消費者がより安全・安心を求めるようになったウィズコロナやアフターコロナの時代には、加速していくはずだ。

観光において食は大きな楽しみの1つ。そういう意味では、食に関わる事業者だけでなく、地域全体でしっかりと取り組んでいくといいだろう。

a new concept of TOURISM INDUSTRY

#16 食の多様化

アメリカで3年で6倍に増えたベジタリアン

次に、かねて食の多様化として取り沙汰されてきたテーマである「食の制限・禁忌」について触れる。インバウンドの増加によっても、注目度が高まっていたこのテーマについてあらためて整理したい。食の多様化を考えるうえで外せない食の制限は、「アレルギー」「禁忌」「好き嫌い」の大きく3つに分類できる。

このうち「禁忌」については、「宗教」「主義」「体質（病気）」といった理由があげられるが、日本でここ数年、注目を集めてきたのが宗教による食の禁忌である。

代表的なのが、世界で約18億人が信仰するといわれる三大宗教の1つ、イスラム教の禁忌で、「許されたもの」を意味する「ハラール（HALAL）」と「禁じられたもの」を意味する「ハラーム（HARAM）」がある。

たとえば、豚肉とアルコールはハラームであり、口にしてはいけないとされている。留意したいのは、ハムやソーセージなど豚肉由来の原材料を使った加工食品、調理等で豚の脂（ラード）を使った食品などもハラームになることだ。さらに牛・鶏・羊なども、イスラム法に則って食肉処理された肉でなければ、口にしてはいけない。

一方、世界で1400万人というユダヤ教徒の食の規定は、「コーシャ」と呼ばれる。イスラム教と同様に、豚肉やユダヤ教の教義に則って食肉処理されていない肉に加え、エビやカニといった鰭《ひれ》や鱗《うろこ》がないものも制限されている。さらに、肉と乳製品を一緒に食べることも禁じられている。

グループ内に1人でもベジタリアンがいれば対応食のある店を選ぶ

アジア諸国ではヒンドゥー教、ジャイナ教、仏教などの宗教的背景による「ベジタリアン」が少なくない。このベジタリアンは近年、宗教とは違った理由で、欧米豪諸国で増え続けている。「ここ数年で倍増した」というデータには、枚挙にいとまがない。たとえばイギリスの調査会社「グローバルデータ」によれば、2014年から2017年にかけての3年でアメリカのベジタリアン（菜食主義者）は6倍にも増加したとの報告もある。

食の多様化を推進する事業を行うフードダイバーシティ株式会社の守護彰浩氏も、次のように話している。

「近年、増加傾向にあるベジタリアン人口は2018年には6・3億人にのぼり、訪日外国人においては149万〜190万人と推計されます。ただ、単純に〝数〟だけでは計れない部分があります。たとえば団体・グループ客のなかに、1人でもベジタリアンがいれば、対応食がある店を選ぼうとします」

つまり、食の制限・禁忌に対応することは、制限を持つ人の〝数〟以上の経済効果があるといえる。

欧州で広まるヴィーガンのためのフードツアー

一般的に肉・魚を食べない人のことを「ベジタリアン」と呼ぶが、そのなかで欧米豪諸国のベジタリアンは、環境問題・動物愛護・健康面などといったライフスタイルや主義に基づいていることが多い。卵・乳製品を食べるかどうかは、個人差が出る部分なので、「べジタリアン」といわれた場合は、きちんと確認することが望ましい。

完全菜食主義を意味する「ヴィーガン」は、肉・魚に加えて卵・牛乳・チーズなど酪農製品、さらには蜂蜜なども口にしない人もいる。

なお、イギリス・ドイツ・オーストラリアでは、人口におけるベジタリアン比率が10%を超えているとされる。

当然ながらこうした動きを観光事業者も黙って見過ごすわけがない。

イギリスの大手メディア『ガーディアン』で紹介されていた「ヨーロッパ各都市のベストヴィーガン&ベジタリアンフードツアー」の一部を紹介しよう。

ローマ「Vegan Food Tours」

ローマで最も古い地区の1つであるモンティ地区を巡るツアーを行っている。グルメなストリートフードやボヘミアンなバーで知られるこの地域を散策しながら、前菜、生パスタ、ピザ、乳製品不使用のジェラートなどを味わえる。

アムステルダム「Vegan Food Tours」

フォンデルパークから始まり、デザイン意識の高いアウト・ウェスト地区へと向かう。

旅行者はオランダのビターバレン（ミートボール）、ローアイスクリーム、ヴィーガンのジャンクフード「（海藻からつくられる）ウィードバーガー」を試食することができる。

残念なことに、いまはコロナにより、打撃を受けている最中ではあるが、欧州各国・各地ではこのようなベジタリアンやヴィーガンのためのツアーが次々と生まれているのだ。

日本でも増えてきた〝ゆるベジ〟とは？

「ベジタリアン」や「ヴィーガン」は、食以外にも消費のあり方に影響を与えており、環境問題や動物愛護といった観点から最近では化粧品やファッション業界においても動物由来の原材料を使わない商品も出てきている。

加えていえば、日本でも若者を中心に、少しずつベジタリアンが増えている。植物性食品を中心に食べ、ときどき肉や魚を食べるという柔軟なベジタリアンスタイルをとる人のことを「フレキシタリアン」や「セミ・ベジタリアン」などと呼び、欧米のミレニアル世代を中心にトレンドとなっているが、こうした動きが日本でも広まりつつある。

日本では〝ゆるベジ〟と表現されることもあるこの傾向は、具体的には「週1回は肉や魚を食べない」といった生活であり、芸能人やインフルエンサーが、ＳＮＳやブログなどを通じて発信している例も少なくない。

主にベジタリアンの観点から日本の食の多様性に資する事業を展開するフリーフロム株式会社の山崎寛斗氏は、こうした緩いベジタリアンを志向する人が、コロナ以後に増えるとみている。

「世界最大規模のベジタリアン・レストラン検索サービス『Happy Cow』で〝世界一のヴィーガンレストラン〟として注目されるレストラン『菜道』が自由が丘にあります。『菜道』ではコロナショック以降、ヘルシーな野菜料理を求める新規客が増えたそうです」

そうした新規客の多くが厳格なベジタリアンではなかったようだ。したがってコロナ後を見据えると、〝ゆるベジ〟の市場はむしろ大きな可能性を感じさせられる。

欧米で進む「グルテンフリー」への対応

欧米では既に常識となっているグルテンフリー食品は、もともとグルテンに対する免疫反応が引き金となる自己免疫疾患である「セリアック病」の改善のため、グルテンを除去する食事療法として生まれたといわれている。

グルテンとは、小麦などに含まれる「たんぱく質」の1つである。アレルギーや症状がなくても、グルテンを日々摂取することで健康に諸々の害を及ぼすという説も存在し、健康を意識してグルテンフリー食品を選択するケースもある。このようなセリアック病患者向けの情報サイト「Celicidad（セリシティ）」では、アプリやウェブサイトを通じてグルテンフリーに関する情報を発信している。

なお、アレルギーや免疫疾患による「食の禁忌」は、命に関わる重要な要件であるため、グルテンフリーの問合せを受けた場合、事業者は背景をヒアリングし、対応可能な範囲を事前に伝えることが不可欠だ。また、調理時における禁忌食品の混入にも注意が必要だ。

防衛医大の教授、穂苅量太氏によると、グルテン関連疾病の症例は増えつつあるが、根治薬は開発されておらず、「治療法はグルテンフリーの食生活のみ」というのが現状だ。グルテンフリーの食事を続ける必要がある患者にとって、安全な食の情報を入手することは切実な問題であろう。

欧米ではグルテンフリーの認証が進んでおり、消費者が一目で判断しやすい認証マークの付いた商品が、専門店に行かずとも一般的なスーパーなどの小売店で手に入る。「グルテンフリー」以外にも「ラクトースフリー・乳糖不使用」「ヴィーガン」認証マークなどもよく店頭で目にする。

〝グルテンフリー観光〟に取り組む村

自治体をあげて〝グルテンフリー観光〟に力を入れる海外の事例もある。スペインのアストゥリアス州で最も古い村カンガス・デル・ナルセアでは、2019年の観光客数が54%増加した。その多くがグルテンフリー料理を楽しむために訪れる旅行者で、夏季や連休は特に人気が高いようだ。

その理由は、同自治体が「Celicidad」運営のスペイン国内のグルテンフリーのレストラン検索サイト「Restaurantes Sin Gluten Celicidad（グルテンフリー・レストラン・セリシティ）」と協力し、グルテンフリー観光を振興しているからである。

セリアック病患者は「常に訪問先でグルテンフリーの選択肢についての情報を得るべき」であり、「そのためにこのネットワークが存在する」と同ウェブサイト責任者Juan Luis Quirós氏は述べている。

カンガス・デル・ナルセアは、2018年のFITUR（INTERNATIONAL TOURISM TRADE FAIR IN MADRID）というラテンアメリカのインバウンドおよびアウトバウンド市場の主要な見本市において、スペイン初の「グルテンフリー・デスティネーション」にも選ばれている。

また、カンガス・デル・ナルセアとその周辺にある事業者で構成される「カンガス・グルテンフリー・ネットワーク」というものがある。

現在は、グルテンフリーの朝食を提供する宿泊施設や100%グルテンフリーの売店、肉屋、食品店、ソーセージ工場、レストラン・バルなど55の施設がネットワークに属しており、いずれも、グルテンフリー製品やサービスを提供するためのトレーニングを受けている。

同ネットワークでは、変化するニーズに適応し続けるためにも、セリアック、グルテンフリーに関する最新の情報や知識を得たり、継続的にトレーニングを受けることを推奨している。同ネットワークが「標章マーク」を毎年新しいデザインに更新するのは、そうした狙いがあるといえる。

グルテンフリーながらも地域の伝統的な食事を楽しめる

新型コロナウイルスの発生前の話になってしまうが、同村のグルテンフリー観光が成功しているカギについて、観光課の Begoña Cueto 氏はアストゥリアス州の地方紙「EL

COMERCIO」のなかで、次のように説明している。

「このネットワークが、グルテンフリー朝食を提供する宿泊施設から、100%グルテンフリーの売店、肉屋、食品店、ソーセージ工場、レストラン・バルまで、セリアック病患者にとってのすべてのニーズをカバーしていることだ。健康上の理由から、グルテンフリー生活をしている人々が完璧に、この地域の美食を楽しむことができる」

また、カンガス・デル・ナルセアのホテル部門地域委員会代表José Manuel García氏は、同村のグルテンフリー観光が持つ異なる魅力を指摘する。

「最大の魅力は、(グルテンフリーであるにもかかわらず)伝統的な食べ物に変わりないということだ。観光客は特に、伝統的なカチョポス(薄切りの牛肉2枚の間に生ハムとチーズを挟んでパン粉で揚げたスペイン北部アストゥリアス地方の郷土料理)、コロッケ、自家製デザートなどのグルテンフリーのオプションを探しに来る」

さらに、同村では、グルテンフリーを保証する店で地域の特産品を購入することもできる。なかでも地元名物のソーセージは売上好調だという。

村の中心に位置する食品店、Narcea Gourmet（ナルセア・グルメ）のマネージャーは「このようなネットワークは需要があり、さらに多くの人々を引き寄せることがわかり、非常に励まされた。このネットワークに参加するすべての者は、その一員であり続けるために、知識の更新やトレーニングを続ける必要がある」とも語っている。

日本でも広まりつつある食の多様性への対応

欧米を中心とする、食の多様性に対応するマーケットと需要をみれば、日本が対応に後れをとっているのは明らかだ。

しかし、ここ数年間に国内でもグルテンフリーやアレルゲンフリー対応の店や商品が徐々に増えている。認証制度や、認証マークの普及を促進する事業も行われるようになってきた。

たとえば、2018年には農林水産省が主導するかたちで、米粉のノングルテン認証が開始されている。しかし、認知度はさほど高くなく、いかに周知していくかが課題だ。一般社団法人グルテンフリーライフ協会の代表理事、フォーブス弥生氏は、「ピクトグラムなど表示方法を工夫すれば、グルテン関連疾病の患者に選択肢を与えられる」と日本経済新聞社の取材に対して答えている。

インバウンドを意識した日本のフード・ツーリズムにおいて、最大の障壁となるのは、食品や食事に対する表記が不明瞭という点かもしれない。

先にも書いたトレーサビリティに代表されるような、「見える化」がないことが〝食のバリア〟を生んでおり、食行動への機会損失が生じている。

たとえば、なかに入っている具が見えないおにぎり。日本の食に詳しくない外国人や食物アレルギーのある人は安心して食べられない。そうした意味では、子どもや外国人などにもわかりやすいデザインの認証マークの開発も求められる。

一般社団法人日本フードバリアフリー協会では、食の制限がある方々にもわかりやすい原材料表示を行うことで〝食のバリア〟を取り去り、誰もが食事を選べて楽しめる機会を増やすという考え方のもと、「日本食の美味しさや楽しさを失わない」「原材料や調理法がわかるような表記を行う」「混入や誤記がおきないように最新情報を学ぶ」「食事の内容が伝わりやすいように、多言語やマーク等で表示を行う」などの取り組みを行っているという。

NPOベジプロジェクトジャパンは、同法人の定める基準を満たす製品や料理を提供する飲食店に対し、ベジタリアン認証・ヴィーガン認証マークを発行する認証制度や、観光案内所等で配布できるベジマップ制作など、企業・教育機関・政府・国際組織と協力し、社会にベジタリアンやヴィーガンの「選択肢」をつくる活動をしている。

日本の「食」は大きなポテンシャルを秘めている

世界に対する情報発信という意味では、既存のオンラインメディアを活用する手もある。たとえば、ヴィーガン・ベジタリアン向けの情報サイト／アプリ「Happy Cow」や、世界中の食品アレルギーを持つ人々へ、安全な情報を届けるためのメディア「Glutenfree Restaurant.com」、そしてベジタリアン・オーガニック・グルテンフリーなど、食のライフスタイルに合わせてレストランを検索できる「Vegewel」といったものである。

こうしたサイトやメディアを活用することで、多様な食文化を持つ訪日外国人に対して、「選択肢」を提示することが可能になるだろう。

そもそも、日本は「多様な食文化」に対応する素質を持っていると私は考えている。ユネスコ無形遺産にも選ばれた「和食」というのは、ベジタリアンであろうと、グルテンフリーであろうと、宗教における食の禁忌であろうと、根本を変えることなく（創意工夫の範囲内で）対応可能であるという意味だ。

名古屋の老舗味噌煮込みうどん店の挑戦

実際、大正14年に名古屋で創業した老舗味噌煮込みうどん店「大久手山本屋」は、食の多様化（フードダイバーシティ）に対応し、その様子を情報発信することで、売上を増加させている。

同店5代目の青木裕典氏（現・専務取締役）は、弊社メディア「やまとごころ．jp」のなかで、次のような印象的なコメントを寄せてくれている。

「せっかく日本旅行に来たのに、食の選択肢がないのは残念。食に制限のある方も日本食やご当地名物料理を楽しめるような環境を整えることが大切。（中略）究極を言えば、ハラール対応できないお店はないと思います。豚肉を使っているのであれば、ハラール対応の鶏肉に切り替え、調味料も豚肉由来やアルコール成分の入っていないものに変えればいい。そこで大きく味が変わるかもしれないが、それでもおいしく食べられる味に調整することこそ、職人の腕の見せどころではないか」

さらに、先で触れたように日本の若者の間に、〝ゆるベジ（フレキシタリアン）〟が少しずつ広まってきていることに対しても、「日本でブームになっているベジタリアンやヴィーガンへのトレンドは、香港や欧米などではもっと進んでいるように思います。今の段階で、国内のベジタリアンやヴィーガン対応をしっかりと進めておけば、将来インバウンド客が戻ってきたときの準備にもなります。今のうちにしっかりと対応することが大切」と話している。

人間にとって必要不可欠なものであるからこそ次のステップへ

現在、観光業や飲食業界は、目の前の苦境をどう乗り越えるかの試行錯誤を迫られているところだ。それでも、「食」が人間にとって必要不可欠なものであることは、これからも未来永劫、続いていく事実である。そして、世界から日本の食を見たときに、「ヘルシーで健康的」という認識があることにも注目したい。

今般のコロナの発生によって、否が応でも世界中の人々が衛生や健康に自覚的になり、より鋭敏な感覚を持つようになっている。

つまり、アフターコロナの時代を見据えると、日本の食は世界のなかでのプレゼンスを高める可能性を大いに持っているといえる。

そのときにぜひ意識してほしいのは、「地元回帰」や「地産地消」である。既に本項でも触れたとおり、「食」に関する選択において、サステナビリティという新たな動機が生まれてきているからだ。

各事業者は、これまで以上にサステナビリティを念頭に置いた「地域との結びつき」を強化することで、高付加価値の商品やサービスの開発・提供を実現していきたい。これは新しい食の選択の動機の1つであるフードマイレージという考え方にも合致する。食料の輸送距離の把握を目的としたフードマイレージは、輸送距離だけでは環境負荷を正しく測れないという批判もあるが、サステナビリティを捉えるうえで目安にはなる。

また、コロナ感染予防のためのニューノーマルとともに、複雑に多様化した「食」のニーズに対応していくためには、「テクノロジー」にも対応しなければならない。

そうした意味では、パートナーシップ（協業）も重要な成功要因だといえる。

個人や一事業者ではできないことも、業種、得意分野、個性の異なるさまざまな人々が協力し合うことで、予期しない環境の変化やリスクを乗り越え、新たな価値を提案していけるはずだ。これを機に、これまで付き合いがなかったような他業種の企業、ライバルと位置づけ距離を置いてきた地域の同業他社などとも、門戸を閉ざさずに、広く協業する可能性を検討してみてもいいだろう。

#17

a new concept of TOURISM INDUSTRY

アドベンチャー・ツーリズム

ニューノーマルな旅行に合致した可能性に満ちたマーケット

体験型観光コンテンツの必要性は、ここであえて言及するまでもないほど一般に広まっている。

そのなかでも2016年時点で約4448億ドルの市場があるとされているアドベンチャー・ツーリズム（トラベル）は、豊かな自然資源を有する日本の地方エリアとの親和性が高く、コロナ禍が発生する前の予測ではあるものの、2023年には1兆3357億ドルにまで成長するとされていた可能性あふれる産業である。

アウトドア・アクティビティと呼ばれることもあるアドベンチャー・ツーリズム、具体的にはトレッキング、バックカントリースキー、キャニオニング、ラフティング、ダイビング、カヤッキングに加え、ホーストレッキング、ドルフィンスイム、サップヨガ、バンジージャンプなど、多彩なものがあり、地域のフィールドに合わせたコンテンツを提供することで、その地域の魅力を高められるものである。

経済的な効果が大きいことに加え、地域独自の環境や文化を持続させることにも貢献する可能性を持つ（もちろんそれには、後述するようなルールづくりや他項で詳述するレスポンシブル・ツーリズムなどへの配慮も欠かせない）。

アドベンチャー・ツーリズムは、その特徴からウィズコロナ、アフターコロナの時代により成長できる余地がある。なぜなら海、川・湖、山・森、空、雪、陸といった自然が舞台となるため、3密が避けられるからだ。ニューノーマルな旅行に適しているといえる。

さらに、リゾートホテルや大型観光施設といった大規模開発が不要であることもポイントである。その地域のキャパシティに合わせたかたちで、持続可能な魅力あるコンテンツを提供できるからだ。

体験型観光のワールド・サミットが北海道で開催されることの意義

日本におけるアドベンチャー・ツーリズムのホットトピックは、なんといっても体験型観光の世界会議「アドベンチャー・トラベル・ワールド・サミット」が、2021年9月に北海道で開催されることだ。

同イベントは、アドベンチャー・トラベルの持続的な発展を目標として、100ヵ国1300の会員で構成されるＡＴＴＡ（Adventure Travel Trade Association）によるものだ。2005年より年に1回開催されてきたワールド・サミットは、主に欧米を中心としたツアーオペレーターやメディアが参加するＢtoＢ向けのカンファレンスで、商談会でもある。

ちなみに、この産業で最大規模の団体であるＡＴＴＡは、アドベンチャー・ツーリズムについて、「アクティビティ、自然、異文化体験の3つの要素のうち、2つ以上を含むもの」と定義している。

2017年にはアルゼンチンの北部にある山岳地帯の都市サルタで同ワールド・サミットが開催されたが、旅行者の数は3倍に拡大したという。欧米市場ではまだまだ認知度が高くない、北海道ひいては日本のアドベンチャーツーリズムにとって、大きなチャンスである。

とはいえ、アドベンチャー・ツーリズムの市場を牽引してきたインバウンドが99・9％減に陥ったコロナ禍においては、近年、全国各地で存在感を強めてきた各事業者が経営的に難しい立場にあるのも事実だ。事業継続のためには、「耐えるしかない」という悲痛な声も多方面から聞く。事業者はもちろん、地域をあげてその動きを維持させていかなくては、せっかく芽生えた地域の持続可能な暮らしに資するビジネスを途絶えさせてしまうことになる。

「品質の担保」「環境の保全」「安全性の確保」を実現するニュージーランドの取り組み

アドベンチャー・ツーリズムを進めるにあたり、実施する事業者はもちろん、アクティビティを有する地域としても、中長期的な目線で考えるべきことが、大きく分けて3つある。「品質の担保」「環境の保全」「安全性の確保」だ。

特に安全性の確保は、アドベンチャー・ツーリズムが日本よりも進んでいる海外で、命につながる大きな事故が起きたことから、法律による規制やガイドラインが整えられている。免許がなければ事業自体できない国も少なくなく、行政による監査が届くようなシステムもつくられている。この点は、コロナの発生によって「衛生管理」という側面も加わり、重要度は増すであろう。

先の3つの要素に向け、国を挙げて取り組んでいるのが世界でトップクラスのアドベンチャー・ツーリズムを有するニュージーランドである。

まず、観光商品の品質を維持・向上するために、4つのテーマ（経済、社会・人、環境・

文化、健康・安全・ウェルネス）で合計26項目からなる「Sustainable Tourism Business Award Criteria」で審査を行っている。審査をクリアすると、観光事業者はQUALMARK（クオルマーク）の認証が得られ、高い品質を保有していることの証明となる。

安全性の確保という点においては、同国は事業者を対象にした7項目からなる安全監査基準（Safety Audit Standard for Adventure Activities）を設けている。AdventureMarkという国内最大の専門認証機関が、この基準に沿って監査し、認証を行っている。加えて、アクティビティごとの安全ガイドラインも設けられている。これは先の安全監査基準とは異なり、法律で定められているものではないものの、安全性に寄与する取り組みである。

当然ながら、現場でアドベンチャー・ツーリズムを提供するガイドの存在も重要である。ニュージーランドはこのガイドの質が高いことでも知られている。具体的には、アドベンチャーガイドの資格が、国家資格として確立されており、公立大学でもガイド資格を取得するためのコースが設けられている。そのうちの1つ、ネルソンマルボロ工科大学では、キャンパス内ではもちろん、近隣にある3つの国立公園（カフランギ、アベル・タスマン、ネルソン・レイク）といった一級のフィールドを舞台として、ハイキング、ラフティング、ロッククライミング、シーカヤック、スキー、スノーボード、キャニオニングなどの実地研修が行われている。就職する際に有効であるといわれる「レベル5」のアウトドア・レクリエーションの修了証書が取得できるコースは、最短で1年、費用の目安は8680NZドル（約60万円）である。

なお、同国におけるガイドの平均的な給料は、年間3万9000〜5万8000NZドル（約273万〜406万円）である。

事業の安定性を生む2つのマーケット

こうした長い目で見た取り組みも重要であるが、同時に外国人観光客のマーケットがあてにできないなかでも売り上げを立てなければ事業の継続は厳しい。

短期目線で目を向けるべきは、当然ながら第一には日本人客である。ただ、やみくもに集客すればいいかといえば、そうとは限らない。自分たちのコンテンツを客観的に見て、どういった層に刺さるのかを考慮したうえで、きちんとターゲットを定めていかないとならない。20代の大学生を狙うのか、30〜40代のお金に余裕のある層を狙うのか、あるいはファミリー層を狙うのかで、マーケティングは大きく異なるからだ。

また、戦略的に在日外国人客を獲得するのも手だ。在日外国人を受け入れておくと、インバウンドが再開したときにいち早く回復する可能性が高まるからだ。現在、人口のおよそ2％にあたる約280万人の外国人が日本で暮らしている。そのなかには、出身国に対して発信力・拡散力を持っているケースも少なくない。実際、中国人観光客の〝爆買い〟については、在日中国人留学生がきっかけで始まったといわれている。

欧米豪出身者が地域のマーケティング活動に参画する事例も増えてきているが、まずは顧客として接点を持つと、その後の就業につながる可能性も出てくるだろう。

どうすれば単価を上げられるか

インバウンドの減少やコロナ禍の3密を避けた新しい生活様式のなかで、これまでの受け入れ客数を確保するのが難しいのならば、客単価を上げるということも考えないといけない。「高付加価値化」の項目でも触れるが、アドベンチャー・ツーリズムにおける単価アップについても考えてみよう。

最も単価が高くなるのは、プライベートツアーである。実は、個人に合わせてカスタマイズするというプライベートツアーは、欧米豪客を中心に市場が広がってきていたが、日本人客については遅れていた。というのも、日本人客は欧米豪からの観光客に比べて、体験アクティビティにお金を払うという文化が薄いため、価格にシビアなところがあるからだ。ここで重要になるのは、先ほども書いたが、やはりターゲティングである。

すなわち、高単価でも支払える日本人客がどこにいるのかを考えなくてはならない。たとえば、チームビルディングに役立つことを謳って企業に売っていく、インターナショナルスクールの課外活動としてセールスするといったことだ。

加えてリピーターや中上級者はエントリーレベルに比べて単価が高くなるため、彼ら向けに高単価のオプションを整え、しっかりと見せていくことも効果的だ。後述する「観光CRM」の項目でも触れるが、精緻な顧客管理を行うことで、高単価のコンテンツを売っていくのである。

ただ値段が高ければいいわけではない。コンテンツ自体の質を上げることに加え、たとえば、地域の優れたホテルや飲食店とコラボしたコンテンツを創造することなども考えられる。それには、地域間連携を深めることが欠かせない。したがって、そうした取り組みは旅行会社に投げるのではなく、地域のなかで自律的に行っていく必要もある。これは利益率の向上にも役立つはずだ。

いずれにしても、多様な自然資源を持つ日本は、アドベンチャー・ツーリズムのポテンシャルが非常に高いといえ、この成長するマーケットを取っていかない手はないだろう。

#18

a new concept of TOURISM INDUSTRY

ロングステイヤー／ワーケーション

なぜ長期滞在者の獲得を目指すのか

世界中で、3密回避や衛生管理を徹底しつつ、観光再開の動きが活発化している。ウィズコロナ時代に合った新しいプロモーション戦略も模索されており、その1つに、長期滞在型旅行者「ロングステイヤー」が挙げられる。

象徴的だったのが、2020年10月現在、一部エリアで新型コロナウイルス感染症の第二波に脅かされているスペインだ。スペインの観光業はGDPの11・7％、観光業従事者は雇用全体の12・2％を占めており、経済の主要な柱の1つとして位置づけられている。スペイン本土から南西約1000キロメートル、モロッコ沖の大西洋に浮かぶ7つの火山島カナリア諸島では、新型コロナウイルスによって引き起こされた「観光ゼロ」状態の後、新たなタイプの旅行者「ロングステイヤー」獲得への取り組みが行われた。

「より長く滞在する観光客」の取り込みに向け動きだしたカナリア諸島

2020年6月9日、スペイン、カナリア州政府、産業・通商・観光顧問ヤイザ・カスティーリャ氏は、カナリア諸島州議会で、今回の危機に対し「これは超越的な地球規模の問題」であり、回復には時間がかかることが見込まれるため「内部状況の近視眼的な戦略を始めることはできない」と意見を述べている。観光産業の回復への選択肢について問われると「より長く滞在し、島により多くの収入をもたらす新たな観光客を取り込む」とし、そのためのプロモーション戦略を主導していることを発表した。戦略設計を手がけるのは、カナリア諸島観光局などを運営する公営企業である。

この新たなタイプの長期滞在客「ロングステイヤー」とは、具体的には「デジタルノマド」としても知られるロングステイが可能な「リモートワーカー」、または60歳以上の定年退職者、またはそれに近い経済的安定と時間的余裕を持つシルバー層だという。

同氏は「観光が安全を提供することこそ、旅行者の信頼を取り戻す唯一の方法である」と主張し、「旅行者はもちろんのこと、我々島民と観光業従事者に対しても感染リスクを最小限に抑えるために最も確実な方法をとり、国内のみならず国際的なパンデミックの制御、目的地と出発地の保健衛生面での相互関係の適用が観光地の回復につながる」と述べている。

カナリア諸島は2020年7月初旬の国際観光再開に向け、観光部門全体の協力を得たうえで、「経済的にも実現可能で、休暇を十分に楽しめるような複数の衛生安全ガイドラインを適用する準備が整っている」と明らかにした（その後、残念ながら第二波の到来などにより渡航禁止令は再度発令されている）。

2016年3月にさかのぼるが、ノマドワーカーのためのポータルサイト「Nomad List」は、カナリア諸島の州都であるラス・パルマス・デ・グラン・カナリアを〝デジタルノマド向き〟の観光地として、「滞在コスト」「気候」「空気の良さ」「レジャー」「安全性」「ホスピタリティ」において世界第1位とした。目的地の改善点として「無料WiFi」と「英語のレベル」を指摘しつつも、「人種的寛容」「適切な仕事場」「LGBTフレンドリー」「女性にとって安全」の面で優れていると評価した。

かつて2ヵ所の共用オフィスしか存在しなかったこの州都には、2016年までの3年間に計23のコワーキングスペースが開設された。カナリア諸島において、従来の観光客の平均滞在日数は9・9日であるのに対し、「デジタルノマド」たちは平均2〜3ヵ月の滞在が可能であり、有望な市場である。

エストニア政府も推し進める「デジタルノマドビザ」

この「デジタルノマド」という新しい働き方には、多くの場合、他国へのアクセスに観光ビザ（査証）が必要となるため、滞在期間が制限される。特定の相手に対してビザの免除措置を取る国・地域もあるが、その場合も通常は「90日以内」などの制限が設けられている。さらに、専門的な仕事・活動を行う場合、法的な問題が発生する可能性もある。その回避策として、長期滞在が可能となる「デジタルノマドビザ」を発行し始めている国もある。その1つが北欧に位置するバルト三国に属するエストニアである。

近年、デジタル大国として地位を確立してきたエストニアでは2020年6月3日、「デジタルノマドビザ」に関する以下の発給要件の存在を盛り込んだ「外国人法」の改正法案が議会で可決された。施行日は2020年7月1日である。

・エストニア国外を拠点とする雇用主との雇用関係
・エストニア国外を拠点とする企業に対してなされる事業活動
・エストニア国外にいる顧客に対してなされるサービスの提供と当該顧客との契約関係

上記3つのうちいずれかの要件が前提となるが、場所に関係なくできる仕事がある外国人であれば、エストニアで短期または長期滞在許可に基づいて生活できるようになる。

マート・ヘルメ内務相は、「『デジタルノマドビザ』は電子国家としてのエストニアのイメージを強化し、国際社会に対し一層の影響力を与えられると同時に、現在の経済危機からの回復に特に重要なエストニアの電子ソリューションの輸出にも貢献する」と述べる。「デジタルノマドビザ」の発給は段階的に開始され、年間1800人への発給を想定しているという。また将来的には、このビザを「e－レジデンシー」といったエストニア政府の電子手続きと統合することも計画されている。ほかの国にも同様の動きは少なくない。

アメリカ発の「ワーケーション」としての動き

世界に遅ればせながら、日本でもコロナ禍を受けてようやく定着しつつある「リモートワーク」。この新たな働き方と旅行形態に着目した「ロングステイヤー」の取り込みは、今後の観光需要回復の1つのカギとなっていくかもしれない。

実は、こうした日本におけるロングステイ論は一朝一夕に生まれたものではない。数年前よりWorkとVacationを合わせた「ワーケーション(Workcation)」を推進する動きがある。2000年代にアメリカで生まれたこの概念は、日本では和歌山県白浜町や長野県軽井沢町、白馬村、茅野市などが積極的な取り組みを行うが、一部のエリアに限った話ではない。たとえば、少なくない数の全国の自治体と一般社団法人日本テレワーク協会によるワーケーション自治体協議会(WAJ)が設立され、情報発信に取り組み始めている。

環境省も令和2年の補正予算案のなかで、「国定・国立公園、温泉地でのワーケーションの推進」を盛り込んだり、菅義偉首相が、先の官房長官時代に新型コロナウイルスの影響で打撃を受けた観光需要を喚起するうえで重要な施策だという認識を示したりもしている。

しかし、こうしたワーケーションの動きに対しては、SNSなどを中心に批判的な声も少なくない。理由として、働く時間と休日の境がなくなることで、長時間労働につながること、職場に行く必要のない一部のホワイトカラーしか活用できないことなどがある。

確かにワーケーションは、受け入れ側としてはデメリットがほとんどないため、取り組みやすい。一方で、従業員を送りだす側、すなわち企業としては、右にあげたようなことに加え、セキュリティの問題や事件・事故があったときの責任の所在が不明確といったハードルがあるため、ワーケーションを社内制度として取り入れるのは容易ではない。

ワーケーションを広める2つの方法

ともあれワーケーションを広める方法としては、できる人から取り入れてもらうのが現実的だ。企業で働く会社員に難しいのならば、〝ギグワーカー〟とも呼ばれるインターネット時代に増えてきた単発で企業から業務を請け負う人や、経営者や管理職といった一定以上の裁量権を持つ人がトライしていけばいい。実践者がいれば、否が応でも知見は溜まっていくだろう。一般のビジネスパーソンに広げるのは、それからでも遅いということはない。

あるいは、もう少し能動的にワーケーションを一般化させたいのならば、企業側にメリットを伝えていくしかない。このときに重要なのは、ワーケーションが生き方（ライフスタイル）や働き方の1つだと意識することである。旅行形態の1つとして捉えると、どうしても規律性を重んじる日本の会社は、受け止め切れない面があるからだ。

コロナ禍が発生する以前より、リモートワークは欧州ではかなり市民権を得ており、社員500人に対して、オフィスのデスクは400しかない、といったことがあたりまえのようにある。その日やるべき仕事に出社の必要がない場合、自宅やカフェ、サードプレイスといった場所で働くことが珍しくないからである。

働く側としては、通勤時間が節約できるし、同僚や上司から離れることで集中して仕事に取り組めるといったメリットがある。企業側としても、オフィスを縮小できるため、さまざまな固定費を軽減できるうえに、通勤手当も不要になる。

そうした方法ができるのであれば、働く場が自宅から避暑地や快適なホテル、いつでも釣りに行ける海沿いのゲストハウスに変わることに、大きな異論は出てこないはずだ。

さらに近年は離職率や会社へのエンゲージメント（愛着）に直結するES（Employee Satisfaction）と呼ばれる従業員満足度が重視されてきている。したがって、ワーケーションという生き方・働き方ができるような制度設計をつくることで、従業員の仕事のアウトプットを向上させられる可能性もあるというわけだ。

アウトドアブランドで知られるパタゴニアの創業者イヴォン・シュイナード氏も、著書『社員をサーフィンに行かせよう』（東洋経済新報社）のなかで、こう書いている。

「パタゴニアの本社が、カリフォルニア州ロサンゼルスから西に約百キロメートル、太平洋を望むベンチュラにあるのも、パタゴニア日本支社が神奈川県鎌倉市にあるのも、社員がサーフィンに行きやすい場所だからだ。そして何より、私自身がサーフィンをしたいのだ。（中略）自分が好きなことを思いっきりやれば、仕事もはかどる。午後にいい波が来るとわかれば、サーフィンに出かけることを考える。すると、その前の数時間の仕事はとても効率的になる」

同氏の主張は、生き方・働き方における工夫が生産性の向上に資するということだ。まさに企業がワーケーションを採用するメリットと合致する。日本企業でも、２０２０年９月になって、人材派遣会社の大手・パソナが令和５年度末までに、淡路島に本社を移転すると発表し、そのニュースが世間を賑わせた。

会社にとって、従業員の生活の質を向上させる意義は、これからますます大きくなる。ワーケーションはその１つの有効なアイデアでもあるということだ。

開放的な空間を提供できる地域にチャンスあり

何度も書いてきている通り、観光客の関心事として、旅先での３密の回避や清潔な環境、安心・安全への配慮などが重要な要素になっていくはずだが、今般のコロナ以前から「安心・安全・清潔」のイメージにおいて、既に世界に抜きんでていた日本にとって、ある意味で今回の危機はマーケティングやブランディングの好機にもなり得る。

さらに〝密〟を避けた開放的な空間を提供できるという点では、より地方エリアに大きな可能性があるともいえる。インバウンドのみならず、今後は国内の長期滞在者の獲得も視野に入れていけるはずだ。

くしくも、そうした長期滞在者を受け入れやすいインフラは、ハードとソフトの両面で広まりつつある。

コワーキングスペースを持つ個性的で魅力あふれるゲストハウスや、長期滞在に向いた快適な民泊施設が、全国各地に整いつつあり、定額で複数の家に住むことができる多拠点生活プラットフォームの「ADDress」、中長期滞在に最適な宿泊施設やコワーキングスペースの予約ができる「achicochi.life」、地方の賃貸住宅を最短1週間から最長2年にかけて借りられる「H・i・Q（ハイク）」といったサービスも生まれてきている。

となれば、地方に滞在しながら、まさに「リモート」で働く「デジタルノマド」たちが、くつろいだ休暇を楽しめるような「ロングステイヤー」向けの新たな旅行・観光サービスの開発も必要となってくるはずだ。日ごと変化する旅のスタイルをいち早く察知した新たなニーズへの対応が求められている。

19

a new concept of TOURISM INDUSTRY

レスポンシブル・ツーリズム

日本は世界に比べて遅れている!?

自然環境への配慮や地域社会への貢献を重視した「レスポンシブル・ツーリズム（責任ある観光）」が世界で台頭してきている。日本でもエコツーリズムやグリーンツーリズム、あるいはエシカルツーリズムといった名前で、各地で存在感を増している。しかし、レスポンシブル・ツーリズムの重要な要素の1つである、「観光客に責任ある行動を促す」という動きは、世界に比べて遅れている。

実際、ブッキング・ドットコムが行っている世界の旅行者に対するアンケート「旅行先の環境やコミュニティに配慮した旅行」（2019年4月発表）で、日本人の環境に対する知識不足と意識の低さが顕著に出ている。日本のホスピタリティ業界の強みである「お客さまは神様」という考え方が、むしろ足かせになっているとみられる。

もちろん、事業者や地域側が観光客を選ぶというのは、容易なことではない。短期目線では売上の減少につながる恐れも否定できないし、差別を助長する可能性もあるからだ。実際、コロナ禍発生後、域外からの訪問者に対する地域住民による差別的行動が目立ってきている。では、どうすれば大きなゆがみを生むことなく、「レスポンシブル・ツーリズム」、すなわち地元住民や自然環境、地域の文化を尊重し、敬意を払ってくれる観光客を呼び込むことができるのか。

世界で最も進んだヨルダン・フェイナンエコロッジの取り組み

1つには、地域や事業者自身がレスポンシブル・ツーリズムを推し進めていることを、対外的にアピールすることだ。

世界的な観光関連イベント「ワールド・トラベル・マーケット」では、2004年からUNWTOのサポートのもと、「レスポンシブル・ツーリズム・アワード」を発表している。こうした称号が、その地を訪れる観光客に与える影響は計り知れない。では、この「レスポンシブル・ツーリズム・アワード」は、どのような観点で表彰しているのか。

毎年、社会情勢に合わせて変えているというが、2019年のアワードでは「野生動物と自然保護」「脱炭素および温室効果ガス削減」「透明性のある管理運営」「プラスチック製廃棄物の削減」「オーバーツーリズムの対処」「ローカル社会に対する貢献」がカテゴリーとなっていた。そのなかで、総合1位となったのが、ヨルダン・ダナ自然保護区のなかにあるフェイナンエコロッジである。同ロッジは、現地住民の雇用や地域製品の利用によって、ゲストの総支出の半額が80世帯・400人の地域コミュニティにとどまっているといわれている。具体的には、食材は当然のこと、屋内で使われているキャンドルや革製品、その他の消耗品も含め、80%以上がロッジから半径40キロメートル以内で調達している。

また、環境に配慮した運営も進んでおり、施設で使われる電気はすべて太陽光発電によるものであり、温水の供給にはソーラーヒーティングシステム、暖房には自然副産物を利用した暖炉、水の消費には地元の湧き水が利用されている。

ゴミは最小限に抑えつつ、余った食品廃棄物に対しては、有機肥料に再利用するための堆肥化施設を擁しており、使い捨てペットボトルは一切採用しておらず、宿泊客に対しても使用しないことを積極的に奨励している。代替品として、地元で製造された粘土製の水差しとカップを使っている。

地域コミュニティに対する貢献は、先に書いたスタッフとして地域住民を雇用している以外にも、収益の一部を同ロッジのある自然保護区の保全活動にも充てている。

さらに、第1章で触れた「観光貢献度の可視化」のお手本ともいえる、事業の取り組み内容やそのインパクトに透明性をもたせる広報活動も行っている。それは、毎日の使用電力、過去のデータと比べたときの炭素排出量の削減量といったことにまで至る。

こうした活動の結果、レスポンシブル・ツーリズムを尊重する観光客が、世界中から集っていることに疑いの余地はない。

地域に根ざした文化への理解を促すハワイ

自分たちがレスポンシブル・ツーリズムを積極的に行い、そのことに価値を見出してくれる観光客を受け入れるという右の例とは異なり、観光客に対してレスポンシブル・ツーリズムの尊重を呼びかけるという方法を行う地域もある。代表的なのがハワイとパラオである。先にハワイについて触れていく。

ハワイで各島の文化や自然を守ろうという動きは、2004年頃から始まっているというが、特筆すべきは、「旅行者にも責任をもった行動を促す」という点だ。

ハワイの文化、そしてそれに対する地元住民の考え方や具体的なアクションを旅行者にも伝えることで、どういう振る舞いが〝ハワイ的であるか〟を訴えているのである。

ハワイ州観光局（ＨＴＡ）が中心となって、さまざまなステークホルダーの協力のもと、観光客に対してどう立ち振る舞うべきか、どんなマナーがあるのかといったことを明確にし、そのうえで、そうしたルールを伝える啓蒙活動を多角的に行っている。

たとえば、ハワイ語でホヌと呼ばれるウミガメには触らないこと、見学する場合には10フィート（約3メートル）は離れること、サンゴ礁に有害な成分を含む日焼け止めを使わないといったことから、ハワイの住民が抱いている観光客に対する感情や方針、あるいは自然や文化に対する思いなどだ。

そうしたことを、ハワイ便の機内や空港、配慮が必要な特定エリアといった場所で、さまざまなメディアを用いて伝えている。旅行者に直接伝えるだけではなく、旅行会社やランド（ツアー）オペレーターに対しても同様である。

さらに、アロハプログラムというＨＴＡによるラーニングサイトもある。オリジナル講座やウェビナー（ウェブセミナー）を開催したり、ハワイ文化が学べる動画や書籍を紹介するだけでなく、「ハワイスペシャリスト検定」というＨＴＡ公式のオリジナル検定も行っている。ちなみに同検定で合格するとさまざまな特典も受けられる。

地域と訪問者の結びつきを強固にするツーリズム・ラーニングの可能性

先のハワイのように、その土地を訪れる人に対して、事前に地域のことを学んでもらう取り組みをツーリズム・ラーニングと私は呼んでいる。ツーリズムのなかに学びという要素を入れるのは、いまに始まったことではないが、あえてツーリズム・ラーニングという言葉を用いているのは、従来よりも一歩踏み込んだ取り組みが必要であると考えるからだ。

というのも、先のハワイの事例や後述するパラオもそうであるが、訪問する前に学んでもらうことや、滞在中に学びの機会を与えることに比重が置かれているケースが多い。もちろんそれらも重要であるが、さらに訪問後にも継続して学び続けてもらうことが重要である。

既に書いた「バーチャル・ツーリズム」や後述する「観光CRM」といった新たなツールを用いることで、訪問後のツーリズム・ラーニングはしやすくなっている。

どうしても訪問前の学びは〝座学〟にとどまる。リアルな体験がないからだ。滞在中の学びにも、時間という制限がある。数ヵ月単位で滞在するのであれば別であるが、通常は数日程度の訪問であり、そのなかで地域のことをすべて学べるはずもない。

したがって、訪問前や滞在中にはできなかった深掘りした学びの場を、帰宅後にもできるようコンテンツを揃えた仕組みを構築することで提供するのである。当然、そこで活躍するのは、先にも触れたバーチャルな空間であるのだ。

こうしたツーリズム・ラーニングは、地域のファンづくりに役立つ。その人たちにリピーターになってもらうだけでなく、観光大使のような役割も担ってもらえるだろう。

たとえば、滞在中に料理教室を体験してもらったとする。おそらくそのときには2〜3品程度しか教えられないだろう。この2〜3品だけでは、帰宅後に実践するのは1〜2回が一般的だ。地域で買ってきた食材を使い切ったら〝おしまい〟となることも多い。

しかし、ツーリズム・ラーニングで継続していろんな料理を学んでもらうことができれば、5品、10品とレパートリーが広がっていき、必然とその土地の料理をつくる機会が増える。最終的には、料理をインスタグラムやフェイスブックに掲載したり、友人知人に料理を振る舞うということも考えられる。まさに観光大使と呼ぶにふさわしい人となったといえる。

ツーリズム・ラーニングは、リピーターの確保だけでなく、インフルエンサーの創出にもつながるのだ。

観光客に対し能動的に動くパラオ

自国に訪れる観光客に対して、レスポンシブル・ツーリズムへの署名を義務付けている国もある。西太平洋に浮かぶ500以上の島からなるパラオだ。

近年のオーバーツーリズムに悩まされていた同国は、2017年12月に、パラオ・プレッジ（Palau Pledge）を導入している。プレッジとは、日本語で誓約のこと。パラオ行きの飛行機のなかで、観光客は環境保護のための動画を鑑賞したうえで、パスポートにおされた誓約文に署名しなければ、観光客は同国に入国できないというものだ。誓約を破った場合、罰金刑を課されることもあるという。

駐日パラオ共和国大使館のホームページには、この誓約の日本語訳が載っている。

パラオの皆さん、私は客人として、皆さんの美しくユニークな島を保存し保護することを誓います。

足運びは慎重に、行動には思いやりを、探査には配慮を忘れません。

与えられたもの以外は取りません。

私に害のないものは傷つけません。
自然に消える以外の痕跡は残しません。

加えて、パラオでは従来の出国税（20ドル）と環境税（30ドル）に代えて2018年1月より100ドルを徴収するプリスティン・パラダイス環境税（PPEF）も導入している。100ドルの内訳は、30ドルが環境税、10ドルが漁業保護基金、12・5ドルが州へ、残りの47・5ドルが国庫に入るのだという。

日本でも2019年1月から1000円の出国税（国際観光旅客税）が新たに導入されているが、この制度も固定的にするのではなく、「金額を上げたうえで用途に透明性をもたせる」「観光客と居住者のそれぞれで規定をつくる」「パラオ・プレッジのような誓約書への署名の有無によって、金額を変える」といったことも検討の余地があるだろう。

こうしたハワイやパラオの事例は、国や州といった広域での取り組みとなるが、これは地域や事業者にとっても参考になるものだ。

繰り返しになるが、「お客さまは神様だ」という発想は時代遅れになりつつある。観光客を受け入れ側が主体的に選ぶという発想への転換は、国、地域、企業いずれにおいても、今後ますます重要になるだろう。

第 4 章

「新戦略」で未来のニーズを先取りする

a new concept of
TOURISM
INDUSTRY

20

a new concept of TOURISM INDUSTRY

高付加価値化

高付加価値化は旅行業に不可避のテーマ

ウィズコロナ、アフターコロナの旅行ニーズは、「開放的・少人数・清潔」が重視される傾向が続く。そのなかにあって、高付加価値化は避けては通れないテーマである。

コロナに関係なくとも、従前よりサービス業の範疇《はんちゅう》である旅行業は、「労働生産性が低い」「現場ばかりが疲弊する」「価格競争によって低価格化する」といったことが連鎖して起きていた。

特に、インバウンド客が大きく伸び、それに呼応するように体験型商品の数も増えてきたここ数年は、宿泊業や飲食業だけではなく、体験型商品・事業にも問題が波及している。

その結果、「客を受け入れても受け入れても儲からない」「従業員のやる気に支えられてきたが、給料が見合わず辞めてしまった」といったことが頻発してきた。

来訪者の数を追うばかりに、利益率を度外視してきたこと、従業員のやる気に甘え、収益を還元する仕組みにしていく意識が希薄だったことなどが原因だ。そうした側面からも、高付加価値化は重要であり、コロナ禍の発生に関係なく取り組むべきことである。

従来のインバウンド戦略を見直すべき？

観光庁は、その発足当時（2008年）より「住んでよし、訪れてよしの国づくり」を謳い文句にしてきたが、少なくない地域や事業者が「訪れてよし」を優先し、「住んでよし」を軽視してきたきらいがある。もちろん、それほどインバウンド市場というのは右肩上がりに成長し続けてきたわけで、「訪れてよし」に重きを置いてきたことを簡単には否定できない。利益を追求する事業者や少子高齢化にあえぐ地域として、そのチャンスをみすみす見逃すわけにはいかないという理屈も理解できるからだ。

しかし、ここ数年、その弊害が出てきていたことも事実だ。地域住民と観光に携わる事業者の間で軋轢が生まれた事例はそこここで見聞きする。地域外の大手資本による事業ばかりが先行し、地域事業者が廃業に追い込まれたり、自然景観が破壊されたりといったことも起きている。満足度（質）よりも短期的な利益を追求する事業者が出てきたことで、地域に負の口コミがもたらされてしまう事態も発生している。そして、追い打ちをかけるかのように、このコロナ禍である。第1章の「量から質へ（発想の転換）」でも書いたが、いよいよパラダイム・シフトの機が熟したといえる。

仕事内容に見合った報酬は必須である

弊社メディア「やまとごころ・ｊｐ」のインタビューのなかで、和歌山県の田辺市熊野ツーリズムビューローの会長を務める多田稔子氏も、「地域に住んでいる人たちが喜ぶ観光、住んでいる人に賛同されないと意味がありません」と語っているように、地域が観光を振興する目的はあくまで地域のためである。「お客さまのため」は、あくまで地域の暮らしをよくするための手段でしかない。そこを整理し、みなで共通認識を持つ必要がある。

公益財団法人日本生産性本部が発表した２０２０年の『レジャー白書』でも、桜美林大学ビジネスマネジメント学群教授の山口有次氏が、「レジャー産業界においては、高付加価値化と生産性向上により雇用条件を向上させていかないと、人財の受け皿になることができない。これはレジャー産業界の根本的な課題といえる」と指摘している。

いずれにしても、旅行商品の造成にあたっては、「地域のため」という視点を絶対に忘れてはならないということである。すなわち、地域の雇用を生みだすだけでなく、労働時間・内容に見合った正当な報酬を支払い続けられるビジネス設計が不可欠であり、まさにそれは高付加価値化と同義なのだといえる。

群馬県水上町《みなかみ》で体験プログラムを提供するキャニオンズのマイク・ハリス氏も、事業のサステナビリティを考慮すると、世界標準で正当な給料を払えるような料金設定にしなければならないという主張をしている。

「日本と私の出身地であるニュージーランドは、ほとんど物価は変わりませんが、アウトドア・アクティビティについては、2倍の価格差があります。ですから、やはりツアーガイドに支払える賃金にも差が出ます」

体験アクティビティのガイドのような技術と経験を必要とするプロフェッショナルな人材は、高付加価値な体験商品の提供に不可欠であるが、マイク氏が話すように給料が安いままでは、良い人材であればあるほど、日本から離れてしまうだろう。さらにいえば、地域でせっかく育った人材も、よりよい待遇を求めて、海外も含めた他地域に行ってしまう可能性が出てくる。

稼働率の平準化がカギを握る

「稼働率の平準化」も高付加価値化には欠かせない。祝祭日に集中するこれまでの地方観光のあり方では、「数」をこなさなければ収支が合いづらい。結果として、薄利多売のビジネスモデルに陥ってしまう。

したがって、祝祭日に集中する観光客の数を絞り、地域住民が余裕を持って観光客を受け入れられるようにするためにも、高付加価値化を戦略的に行うと同時に、平日の稼働率アップも狙っていくべきだ。

とはいえ、この十年ほど、稼働変動の平準化に大きく寄与してきたのは、外国人観光客である。コロナ禍によって、その恩恵が失われているいまの状況を想定できなかったのは仕方ない面もある。しかし、だからこそいま、日本人客つまり私たち自身がその生活や働き方から見直し、社会として変わっていくことも大事であると考える。当然それは、日本社会で働く在日外国人も含めてのことだ。

〝安売り〟に釣られて来た客は本当に自分たちが求める客層？

2020年の夏から始まった「Ｇｏ Ｔｏ」事業にも言及したい。

こうした〝安売り〟や〝クーポン〟で集まった顧客が、本当に自分たちが求めている客層なのかどうか、きちんと見極めなければならない。

そうでなければ、本項の冒頭で記したような「労働生産性が低い」「現場ばかりが疲弊する」「価格競争によって低価格化する」という負のスパイラルから抜けだすことはできないからだ。

とはいえ、日銭を稼がなければ、事業の継続が難しいという意見もある。やや冷たい言い方かもしれないが、キャンペーン時だけの顧客なのか、継続して来てもらいたい顧客なのかを能動的に把握し、そのうえで別項で詳述する「観光ＣＲＭ」の取り組みを行っていくほかない。

高付加価値化を実現する7つの切り口

さらに、高付加価値化を実現するための切り口について検討していきたい。

カギとなるのは主に「ストーリー」「本物」「限定感・特別感」「デザイン」「品揃え」「箔《はく》をつける」「寄付・地域還元」の7つである。

商品と同じように、旅行においても「ストーリー」は高付加価値化に貢献する。わかりやすくいえば、青森県のりんごツアーを売っていくときに、単なるりんごの収穫体験として提供するのと、青森県のリンゴ農家がどのような歴史背景から生まれ、現在の生産のかたちへと引き継がれてきたのかを説明したうえでりんごの収穫体験を提供するのとでは、同じ体験でも感じる価値は大きく異なるということだ。

こうしたストーリーは、地域でもまったく同じことがあてはまる。端的に表れているのはキャッチフレーズだ。たとえばニュージーランド政府観光局は、1999年より「100% PURE NEW ZEALAND」というキャンペーンを行っている。タイであれば「AMAZING THAILAND」、インドであれば「INCREDIBLE INDIA」、コスタリカであれば「ESSENTIAL COSTA RICA」と謳っており、いずれもそれぞれの国が持つストーリーとひも付けられている。

地域の旅行商品はこうしたキャッチフレーズの延長上にあると、ストーリーとして整合性が生まれ、高付加価値化につなげやすいともいえる。

あたりまえかもしれないが、高付加価値化にはそれが「本物」であるかどうかも重要である。「地域の旬な食材」「その地域ならではのもので、他では手に入らない」といったことは、本物としての価値を生み出してくれる。

「限定感・特別感」も高付加価値化に資する。個人のニーズに合わせてカスタマイズされたプライベートツアーはその最たるものだ。旅行会社だけでなく、美術館や博物館、テーマパークといったところでも、限定感を創出できるオプションがあるといいだろう。たとえばバチカン美術館では、通常の開館前に貸し切りできる高単価のチケットが用意されている。

「デザイン性」も高付加価値化に大きな影響を持つ。地域産品のなかには、中身がよければいいという考えのもと、デザインがおろそかになっているものも少なくない。しかし、プレミア感を出し、単価を上げていくためには、デザインも一級にする必要がある。私もオンラインのテイスティングに参加したことがあるアメリカ・ナパバレーのワイナリー「MODUS OPERANDI CELLARS」は、とにかくデザインが優れている。商品ラベルはもちろんだが、インターネットサイトから醸造施設、テイスティンググルームに至るまでが完璧に洗練されている。

「品揃え」も顧客単価アップに資することで知られている。アップセル（上位商品）といわれるより高い商品やサービスを提案したり、クロスセル（関連商品）と呼ばれる新たな商品やサービスの購入を促すことも大事である。たとえば体験ツアーであれば、時間（半日／1日／2泊以上など）や、難易度（初心者向け／熟練者向け）など、消費者の要望に合わせて設定したり、選択肢を設ける。関連商品としてグッズを販売したり、地域の飲食店や宿泊施設を組み合わせたプランを用意するといったことが考えられる。

先ほど書いたように、「本物」であることが前提のうえで、「箔をつける」ことも重要だ。箔をつけるためには、客観性が欠かせない。自分たちで「本物だ」と謳うのではなく、世界の枠組み、権威ある制度で評価されることが、付加価値増加に必要であるということだ。フランス発の「ミシュランガイド」はその代表例であるが、そのほかにも「ルレ・エ・シャトー」や「5スターアライアンス」といった宿泊施設のものを筆頭に、各分野ごとに国際的な権威がある。そうしたものを取得し、箔をつけることも高付加価値化につながる。

「寄付・地域還元」は、「リジェネラティブ・トラベル」や「レスポンシブル・ツーリズム」の項目でも言及したように、今後、より高付加価値化に役立つ要素の1つであろう。たとえば、本書で何度か取りあげた旅行会社のINTREPIDは、The Intrepid Foundationを通じて2002年以来、約1000万豪ドル（約7億5000万円）を世界中のプログラムに寄付してきたという。仮に同じような旅行商品を提供している2社（地域）があったとき、多少価格が高くても、こうした社会的責任を果たしているほうを選ぶ時代に入っている。

ローカルと観光客を結ぶツアーガイドの存在は不可欠

このように、高付加価値化は国内外問わず、進められているが、そのなかで私が注目しているのは、「人」を通じた取り組みである。

「デジタルトランスフォーメーション」の項目などでも触れたが、ＩＴ技術を駆使することで、「人」がかかわらないで済む領域は広がっている。

ＩＴ技術の導入については、「効率化によって雇用が減る」という批判的意見もあるが、効率化された分、そのスタッフには付加価値を生む仕事をしてもらえばいいのであり、むしろそうしなければ持続可能性は高まらない。

たとえば体験ツアーの一環として、ローカルな居酒屋に連れていく場合を考えてみよう。

お店に連れていくだけなら膨大なデータから導きだしたオススメを、チャットボットやメールなどを通じて自動的にリコメンドすればいいだけである。いまの技術であれば、ユーザーごとにカスタマイズされたオススメのメニューを伝えることも可能だ。成熟した旅行者であれば、みずからローカルなメディアで口コミを検索し、誰に紹介されることなくそうしたお店に足を運ぶことも難しくない。

しかし、ローカルな居酒屋へ連れていくだけではなく、そこで地元の客や店主とのリレーションを築く場合はどうだろうか。そこには、やはり人の手が欠かせないだろう。特に日本、とりわけローカルな場では、英語を話さない人が多い。ここに大いに高付加価値化の余地があるというわけだ。

実際、地域発の体験型ツアーの草分け的存在である山田拓氏の株式会社美ら地球《ちゅらぼし》による「SATOYAMA EXPERIENCE」や、口コミサイトのトリップアドバイザーでいち早く海外からの絶賛の声を集めた株式会社ノットワールド主催のローカルな体験型ツアー「Japan Wonder Travel」といったコンテンツが外国人観光客に選ばれていた最大の理由は、ここにあると私は考えている。すなわち、「良質なツアーガイド」による高付加価値化である。

この2社だけでなく、そうした良い流れは全国各地で生まれ、大きな潮流になりかけていたが、今般のコロナ禍によって、停滞を余儀なくされてしまった。そうした地域に資する高付加価値の商品の〝芽〟を枯れさせないよう、地域として考えていくべきことは少なくない。

値付けが変わればターゲットも変わる

当然だが、既存の商品・サービスで単価を上げると不満だけが増える。高付加価値化は商品・サービスおよびその見せ方・伝え方の改善が不可欠である。

「値付け」はそのなかでも一番の肝である。インバウンドにおいては相場感がわかりづらいという声も聞くが、その通りである。したがって、世界の水準を知ろうとすることは欠かせない。自ら相場観を体感するためにも、現地に足を運び、体験してみることが重要だ。世界にはどんな人がいて、どんなニーズがあるのか。そうした実感が、商品・サービス開発につながり、また世界における適正な値付けにもつながる。

加えて、値付けが変わればターゲットも変わってくる。つまり、高付加価値化は既存顧客に対して、よりお金を落としてもらうだけでなく、そもそも高いお金を払ってくれる顧客を見つけだすプロセスでもあるということだ。そういう意味でも、高付加価値化は「現状からの脱却」という大きなチャレンジであり、サステナブルな事業・地域をつくるために重要な施策であるのだ。

#21

a new concept of TOURISM INDUSTRY

富裕層（ラグジュアリー）マーケット

富裕層が好む観光資源に恵まれている日本

近年、日本政府によるテコ入れが図られているのが富裕層（ラグジュアリー）市場である。日本政府観光協会（JNTO）は、富裕層について、次のように定義している。

・「費用制限なく満足度の高さを追求した高消費額旅行を行う市場」であること
・定量・定性調査をもとに「旅行先における消費額が100万円以上／人回」であること

では、なぜ富裕層を狙うのか。その理由は、後述する市場としての魅力があることだけではない。日本には富裕層が好む観光資源が、全国そこかしこにあるからだ。

しかし、日本の旅行市場が人口のほとんどを占める中流階級向けに形成されてきたため、富裕層向けのコンテンツとして磨きあげられているとは言い難い。宝の持ち腐れ状態であるのだ。

日本の各地域が持つポテンシャルを最大限に引きだすことができれば、もっともっと富裕層を魅了できる。だからこそ、国をあげて取り組もうと動いているわけだ。

また、ビジネス客には富裕層が多いことで知られているが、彼らには明確な目的があるため、ウィズ／アフターコロナにおいても渡航の戻りが早い。

加えて、日本は世界の富裕層から「行きたいデスティネーションの1つ」と捉えられている。富裕層の読者が多いことで知られるニューヨーク・タイムズ紙の「52 Places to Go in 2019」で瀬戸内エリアが選ばれたり、富裕層向け旅行雑誌の大手「コンデ・ナスト・トラベラー誌」でも日本の都市は上位にランクインしている（毎秋発表の読者投票ランキングで2020年は1位が京都、6位に東京。2019年は1位が東京、2位が京都、5位が大阪）。

人口の上位0・3％にすぎない富裕層が全旅行消費額の4分の1を占める

富裕層の市場としての魅力について触れたい。特筆すべきは、富裕層による消費額が、世界の旅行費の4分の1以上を占めている点だ。

世界のラグジュアリートラベル業界で、最も影響力を持つといわれる商談イベントＩＬ

TM（International Luxury Travel Market）を主宰する団体のレポート「DEFINING THE GLOBAL LUXURY TRAVEL ECOSYSTEM」によれば、人口の上位0・3％にすぎない富裕層による旅行費は全世界のそれの4分の1を上回っており、彼らは平均で年間3万ドル（日本円で約320万円）を旅行に費やしているという。

算定方法が異なるので、一概に比べることはできないが、観光庁の訪日外国人の消費動向調査では、訪日外国人の旅行支出額は1人あたり約15万円であるため、富裕層の旅行費は際立って大きいといえる。

マーケティングの一般論に近いが、富裕層は新しい情報に敏感で、かつ情報発信力と影響力があるため、富裕層で人気が出たものは、時間をかけて他の層へ広がっていく。したがって、富裕層を取り込むことができると、〝波及効果〟も期待できる。

富裕層市場を掘り起こすために必要なこと

富裕層が求めているものはなにか。2大要素は、「健康」と「趣味」であるといわれている。健康（ウェルネス）については後述するが、趣味にはゴルフ、アドベンチャー、グランピング、禅、アート、建築・庭園、ガストロノミーといったものがあげられる。

こうした富裕層向けのコンテンツは、一朝一夕ではつくれない。たとえばガストロミーで富裕層に選ばれているスペインのサン・セバスティアンは、約180年の歴史を持つ美食クラブを掘り起こし、1970年代から10年ほどで200もの美食クラブを誕生させ（現在は約120）、ガストロノミーを形成した。その後も世界初の国際料理学会「サン・セバスチャン・ガストロノミカ」の開催、食に関する研究開発機関「バスク・カリナリー・センター」の設立などを通して食文化を育んだ。その結果、ミシュラン星付きレストランが平米あたりの星数で世界トップクラスになり、あわせて戦略的に快適さと品質、サービス、独自性で最高レベルを求めたプレミアムな観光地づくりを目指し、富裕層に選ばれるようになっていった。まさに、高付加価値化の項目でも言及したストーリー付けがあるのだ。

ストーリーを切り口にした例がほかにもある。第2次世界大戦中に多数のユダヤ人の命を救ったといわれる杉浦千畝の生誕地（岐阜県八百津町）を巡るルート（SUGIHARA SURVIVORS REMEMBRANCE TOUR）である。一般に富裕層が多いことでも知られるユダヤ人の集客に一定の成果をあげている。

単純に富裕層といってもどこにいるのか判然としないが、このようになにか1つのポイントを絞って考えることで対象が具現化され、アプローチする方法もみえてくる。

富裕層向けメディアが示したトレンドとは？

コロナ禍が発生する前の情報になるが、富裕層のトレンドについては、『LUXURY TRAVEL MAGAZINE』がいくつかの潮流を示している。このうち、ウィズコロナやアフターコロナにかかわらず残る、あるいは加速すると予想されるものについて言及しよう。

●オフシーズンの魅力（OFF-SEASON SURPRISES）

オフシーズンの快適さが、これまで以上に重視されるようになる。

地中海に浮かぶイビサ島であれば、ピークシーズンには観光客で溢れかえるが、オフシーズンに訪れれば、海洋生物学者との1対1のダイビングツアー、島の住民にしか入域が許されていないようなスポットに入ること、オーダーメイドのヨットツアーで美しい湾を独占するといったことが可能になるという。

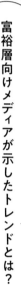

●パーソナライゼーション（PERSONALIZATION）

食べ物、ソファーの快適さ、空間に流れる音楽など、あらゆる分野で個人の好みに合わせた旅行が求められるようになる。

モロッコ・マラケシュのリゾートホテルでは、画一的なものではなく、個人の状態に合わせたスパ体験が提供される。専門家による詳細なカウンセリングと分析によって、最先端の機器とセレクトされた植物性のケア製品を用いたそれは、極上のリラックス体験をもたらすだろう。

陰のヒーロー(THE UNSUNG HEROES)

あまり知られていない目的地に行こうとする傾向が強まる。これはブッキング・ドットコムの「2020旅行トレンド予測」のなかでも冒頭で言及されていたことであるが、アフターコロナでもその流れは変わらないだろう。

クロアチアでは、アドリア海沿いのドブロブニクやスプリトがハイライトとして世界中から観光客を集めていたが、それほど知られていないシベニクという歴史的な町に、より注目が集まるとしている。

最新のトレンドは〝水の癒やし〟がもたらすウェルビーイング

こうした流れに加え、同メディアは新型コロナ発生後の新たな富裕層のトレンドとして、

「水（Healing Water Holidays）」をキーワードにあげている。すなわち、ウイルスに対抗するための免疫力の増加や、パンデミックで蓄積された精神的な負担を軽減するといった目的から、〝水の癒やし〟を求めることになるだろうとしている。

その具体例として、バリ島の内陸部に位置するウブドの郊外にあるホテル「COMO Shambhala Estate」や、2020年6月にスイス最大の湖ルツェルン湖のほとりにオープンした「Chenot Palace Weggis」、インド洋に浮かぶモルディブにあるプライベートアイランドにつくられた「Velaa Private Island's new Velaa Spa」、イビサ島にある「Amare Ibiza」といった施設がピックアップされている。

これらに共通していることは、水に囲まれたロケーションで、ウェルネスを実現するための環境が整っている点だ。

ちなみに、ウェルビーイングとも呼ばれるウェルネスとは、琉球大学ウェルネス研究分野のホームページによれば、「より広い健康観を超えた『生き方』『ライフスタイルデザイン』、そして『自己実現』を表しているものがウェルネス」である。

富裕層がお金に糸目をつけずに良いものを求めるこのウェルネス市場は、約46兆円にのぼるというデータがあり、今後も伸びていくとみられている。ぜひとも、世界の動きに乗り遅れることなく、取り組んでいくといいだろう。

タイはディスカウント旅行やバックパッカー依存からの脱却を目指す

具体的な事例でみてみよう。コロナ禍においても、来るべき国際観光市場の回復期に向け、ラグジュアリーツーリズムを推し進めているのはアジア随一の観光立国・タイである。世界的な通信社「Bloomberg」は、観光事業を再始動させるために、タイのホテル業が大衆観光事業から目を背け、高級な客層に焦点を合わせることにしたと報じている。

特に今般のコロナの影響は大きいようだ。政府の観光復興戦略は、限られた資源で少しでも多くの観光客を誘致しようとするのではなく、アフターコロナの新時代にふさわしい「快適さ」「プライバシー」「安全性」に高い対価を支払うことを厭《いと》わない、高級で高支出な顧客をターゲットにしようと画策しているのだという。

タイの観光大臣 Phiphat Ratchakitprakarn 氏は「1人が最も高級なホテルに泊まれば、簡単に5人分以上の宿泊費を払うことができる」と語っている。

タイ当局のマーケティングは、お金を使う可能性が低い一般的な「大衆」よりも、リスクを最小限に抑えて豪華な宿泊をする余裕のある富裕層に向けられているのだ。

同大臣は、別のメディアでも、「(ディスカウント旅行は)過去のものになるべきだ」とも語ったようだ。具体的な戦略は、スローツーリズムの促進だ。政府は旅行業界と協力して、訪タイ経験のある「ハイエンドビジター」のデータからターゲット層を特定し、サムイ島やパンガン島、ピピ島、プーケット島といった高級リゾートに招待するという。

たとえば高級ホテルグループ「アナンタラ」は、入念に清掃された機器を使った個別のフィットネス・サービスを提供し、予約制のプライベート・トレーニングを行う。ルームサービスはこれまで通り提供されるが、ウエーターは部屋の入り口にトロリーを置く。

また、同ホテルのスタッフは、病院と同じガイドラインで最新のルームクリーニングのトレーニングを受けているという。フロント・デスクでは、カウンターにプレキシ（樹脂を使用した）ガラスのスクリーンを設置し、椅子とテーブルの間隔を調整し、床には目立たない赤い十字印を貼り付けて、並ぶ客の立ち位置を示す。

豪華さと安全性こそがタイの観光関係者の新しい信条であり、戦略のポイントはスタッフと顧客間の接触を減らすことにある。非接触型機器（クレジットカード、非接触スイッチ、さらには顔認証）は、5つ星ホテルのフロント、エレベーター、ドアの開閉にこれまで以上に利用されるようになる。

ホテルの共用部は、より良い換気と採光を提供するために再構成または再設計される。朝食ビュッフェは、社会的な距離感を最適化するために、ほとんどがテーブルサービスに置き換わるだろう。衛生状態と清潔さだけでなく、限定的ではあるがパーソナライズされた人間との接触が、ハイエンドホテルのオファーとして欠かせないものとなる。

Phiphat氏は、コロナウイルスの大流行が、「中国人グループやバックパッカーに依存するようになっていた観光部門全体をリセットする機会」とも語っている。

地域全体でリクエストに応えていく

「富裕層対応」といってもイメージが湧かなかったり、一歩引いてしまうところもある。まずは富裕層マーケットの中身（どんなライフスタイル、旅行になにを求めるか）を知ることから始めるといいだろう。そのときに大切なのは自分の基準だけで考えないことだ。

イメージだけで具体的な戦略がないケース、受入環境やサービスを変えずに、とにかく富裕層を呼びたいというところも多いが、それでは難しい。実際、富裕層向け施設などハード面において世界は日本を圧倒している。そのなかで、日本は自然・文化・食、そして、人の総合力で勝負することが大切だろう。特に富裕層は口コミで広がる市場で、優秀なコーディネーターにはリピーターがついている。そうしたリピーターがついているコーディネーターは、顧客からのリクエストを実現することに全力を注ぐ。したがって、事業者単体ではなく、地域全体でそうしたリクエストに対応する姿勢も重要だといえる。

＃22

a new concept of
TOURISM INDUSTRY

ニューマーケットの開拓

経済成長の最中にある国を狙う理由

2020年4月、JNTOは、訪日プロモーションの重点市場・地域として中東地域と中米・メキシコを、準重点市場・地域として北欧地域とブラジルを新たに追加した。

1人あたりのGDPで世界の最上位に入る北欧地域はさておき、中東地域やメキシコ、ブラジルを訪日プロモーションの対象に加えている点に注目したい。経済成長の最中にあるこれらの国を狙う理由は、後述するイノベーターやアーリーアダプターの獲得によって、来るべき大きな市場の獲得につなげていくことにあるだろう。同様の理由から、今後は南アジアのインドやアフリカのナイジェリアといった人口が多く、これから人口が増大することが見込まれる国も、無視をするわけにはいかない。

実際、2018年のデータで年間2600万人が海外へでかけているインドからは、すでに約17万人が日本を訪れている。

本項では、インバウンドのニューマーケットともいえる、第三世界からの観光客について、マーケティングのあり方とビザ発給緩和の側面から検討していきたい。

イノベーターとアーリーアダプターへのアプローチ方法

マーケティング理論の1つとして、「新たなサービスや商品を普及するにあたり重要なのは、イノベーターやアーリーアダプターをいかに惹きつけるかである」という考え方がある。流行に敏感で影響力を持つ彼らをファンにすることで、潜在的なマジョリティ層の獲得につながるからだ。

もちろん、初期市場であり商品の信頼性よりも新規性を重んじるイノベーターやアーリーアダプターと、メイン市場であり商品の新規性よりも信頼・安定性を求めるマジョリティ層の間には、〝キャズム〟と呼ばれる大きな溝がある。

したがって、イノベーターに対してはいかに新鮮な商品であるかを伝え、アーリーアダプターには商品にアクセントを与えることで、自己承認欲求を満たすようなレビューやS

NS投稿を促さなければならない。それらによって一定の信頼を集めたうえで、マジョリティ層が持つ個別の興味関心に合わせて最大公約数的な打ちだし方をする必要があるということだ。

こうしたマーケティング理論を引き合いに出さずとも、昨今のインターネットによる情報化社会では、口コミが大きな意味を持つことに異論を挟む余地はない。

たとえば、あるインド人が海外旅行の目的地を探している場合、既に海外旅行をしたことがあるインド人による口コミが最大の決定要因になる。

当然、彼らにとっては、外国人の口コミよりも同国出身者の口コミのほうが信頼できる。だからこそ、国際観光の黎明《れいめい》期や萌芽期の段階にある、言い換えれば、現段階ではまだ大きな市場に成長していない国や地域（ニューマーケット）に対するアプローチを怠ってはならないのである。

新規性を重んじる客層（イノベーター）を獲得するには？

では、国際観光において、新規性や革新性を最も重んじるイノベーターを獲得するにはどうすればいいいか。

1つは、熟成した市場における訪日経験者（リピーター）のニーズを当てていくということが考えられる。

たとえば、海外旅行好きが多い香港市場に存在する、訪日経験が10回以上ある人が持つ興味や意思を反映させるという方法だ。彼らは地方特有の郷土料理やB級グルメ、秘湯といった日本人旅行者と同等かそれ以上にディープなコンテンツを好む。

前項のテーマである富裕層を狙うという方法もあるだろう。イノベーターを富裕層と捉えることは、100%正解というわけではないが、かなり高い確度であり、したがって顧客に富裕層を抱えるエージェント（旅行代理店）へのアプローチが効果的である。

スペインのコスタ・デル・ソル観光局は、2020年のアクションプランのなかで、新興市場の獲得に向け、ニューデリー（インド）のSatte、テルアビブ（イスラエル）のIMTM、ドバイ（UAE）のATM、ベルゲン（ノルウェー）のRoutes、シンガポールのILTMといった見本市への出展の予算を割りあてていた。コロナ禍によってこれらは計画どおりとはいかなくなっているが、新興国の富裕層を獲得する意図がはっきりと見えてくる。

加えて、同観光局は、サウジアラビアという中東エリアでトップクラスの生活水準を持つ国に対して、リヤドやジェッダ、アルコバールの3都市、約200の旅行代理店に対して、ワークショップ形式のBtoBアクション、夕食会でのプレゼンテーションとネットワーキングで、観光地のラグジュアリーなオファーを紹介したようだ。

流行に敏感な客層（アーリーアダプター）を獲得するには？

情報感度が高く、流行に敏感だといわれるアーリーアダプターを獲得したいのならば、エッジの利いたメディアへの露出や、コアなファンを持つ有名人やインフルエンサーを活用したPRが有効だ。

たとえば観光大国の1つであるトルコは、2019年にボリウッドスターのJacqueline Fernandez、インドの有名な歌手で俳優のHarrdy Sandhu、ブラジルのテレビ司会者、女優、歌手のEliana Michaelichen Bezerraなど、数名の有名スターをホストしている。

トルコの観光は、同国文化観光省のデータによると、2019年に過去最高の年をむかえ、外国人観光客の数は前年比14・31%増の4290万人に急増したようだが、さらなる成長に向け、ニューマーケットへの進出も画策しているのである。文化観光大臣であるMehmet Ersoy氏は、地元新聞社のインタビューに対して、「ポーランド、ルーマニアなど中・東欧の新興経済国も新たな注目市場に含める予定だ」とも語っている。

ただし、アーリーアダプターは、自ら情報を収集し、将来性やなんらかのメリットを感じた段階で動き始める層であるため、手取り足取りの手厚い情報を提供するというよりは、やや概念的・抽象的な伝え方のほうがいい。

特にアーリーアダプターには若者が多いことを考慮すると、〝自分らしさ〟を表現できる余地を残すべきだ。単にコンテンツを紹介する、転載するだけでは、彼らのSNS上での自己承認欲求は満たされないからだ。

繰り返しになるが、いかに「そのコンテンツを使って自分らしい表現をつくり込めるか」がカギとなる。

清津峡渓谷の現代アートとウユニ塩湖が持つ共通点

よい事例がある。3年に一度開催されるアートプロジェクト「越後妻有《えちごつまり》アートトリエンナーレ」で作品化され、恒久作品として残されている「Tunnel of Light」(マ・ヤンソン／MAD アーキテクツ)だ。同作品は、中国出身の建築家マ・ヤンソンと建築事務所MADアーキテクツによるもので、全長750メートルのトンネルを潜水艦に見立てており、見晴らし所とパノラマステーションを有している。

この清津峡渓谷の風光明媚な景観を活用した現代アートは、単にアート作品として優れているだけでなく、季節や時間、天気といった自然の移り行きで表情を変えながら、人が映り込むことで、よりオリジナルな写真をつくりだすことができるという点で、観光客に新潟県の最南部エリアに訪れる動機を与えている。

〝奇跡の絶景〟ともいわれ、数多くの外国人旅行者を魅了するボリビアの「ウユニ塩湖」も、単純に風光明媚なだけでなく、自己表現をする余地のあるスポットであることが強みである。つまり、旅行者自身がその風景に映り込むことで、オリジナルの作品をつくることができるということだ。

ニッセイ基礎研究所の研究員・廣瀬涼氏も、若年層市場に関するレポートのなかで、次のように書いている。

「その商品を消費することで自分ならどのようにその商品を消費し、表現することができるかという『モノ消費に見えるコト消費』によって自分らしさを追求している。この自分らしさの追求の結果アウトプットされたものは、個人の作成した唯一無二のオリジナルなのである。（中略）そのため、他人から影響を受けて購買をしたとしても、消費結果としてオリジナリティのあるものを生み出すという思考があるため、自分の意思で購買し、自分が購買行動の意思決定を行ったと考えている」

世界が注目するインド市場の可能性とアプローチ事例

ニューマーケットにおける最大の注目国についても触れたい。

それは、2016年より既に日本のビジットジャパン重点市場にもなっているインドである。同国からの国際観光客数は、2000年には442万人であったが、2018年には約6倍の2630万人に膨れ上がっているという。同国の人口は、2027年をめどに中国を抜き、世界一になると考えられており、経済成長もあいまって、世界中の観光地が獲得に乗りだしている。

そこで、インド市場に目を向けるいくつかの国の事例を紹介しよう。

スイスにおけるインド市場

一年を通じてインド人を誘客しようと考えているのはスイスである。サンモリッツ、ツエルマット、エンゲルベルク・ティトリスといった観光地では、ウィンタースポーツ（スキー、トボガン、スノーチューブ）を目的に若いインド人旅行者が増えているが、冬以外でも、季節や年齢層を問わず、多くのオファーを提示することで、インド人旅行者はスイスを目的地として選ぶ傾向が強まっているようだ。

在印スイス観光局の副局長 Ritu Sharma 氏は、「インドの旅行者が、家族全員が楽しめる365日の旅先としてスイスを見るようになってきていることに、私たちはとても満足しています。今年（筆者注：2019年）、ランヴィール・シン（インドの人気俳優）と一緒に行ったキャンペーンや『グランド・トレイン・ツアー』のキャンペーンは、スイスが提供する新しい未踏の体験やデスティネーションをすべて見ることができ、視聴者に大変好評でした」と語っている。

タイにおけるインド市場

東南アジアでトップを走るタイも、インド人旅行者の新たな可能性を見出している。インドから同国への訪問者は、2019年に前年比で22％増の190万人にのぼっている。米国発の総合不動産サービスの大手・JLLホテルズ&ホスピタリティでアジア太平洋（APAC）地域の副社長を務める Pitinut Pupatwibul 氏は、インド人観光客増加の背景として、バンコク、パタヤ、プーケットなどのタイのホットなバケーションスポットへのインドからの直行便の増加があると指摘する。さらに同氏は「インド人旅行者のためのビザ免除プログラムはもう1つの後押しとなっている」と加えたうえで、次のように続ける。

「10年前に中国のツーリストに起こり始めたものに似ている」

いまや、中国人の海外旅行者は、世界中の観光地を訪れており、良くも悪くも大きな影響力を持っている。それと同じことが、インド市場でも起こる可能性を彼女は指摘しているわけである。

そして、タイが行っている具体的なアクションについては、「到着時のビザの免除、プロセスを合理化するために採用されているブロックチェーンビザについての協議、国際線の空港使用料の削減など、いくつかの努力が行われており、これらはポジティブなステップだ」と言及している。

ブラジルにおけるインド市場

観光産業に力を入れているブラジルも、インド人旅行者を獲得しようと策を講じている。その1つが、観光やビジネス目的でブラジルを訪問するインド人に対して、ビザ不要の措置を取るというものだ。

こうした、ビザ発給要件の緩和は、観光を後押しするだけでなく、経済にも有益である。

政府の報告書によると、ブラジルには約5000人のインド人が住んでおり、サンパウロ、リオデジャネイロ、マナウスでは、密接に結びついたインド人コミュニティがある。

また両国はBRICsやG20、IBSA（India、Brazil、South Africa）といった枠組みで、多面的な関係を築いている。ブラジル政府は、ビザなしでの入国を許可することで、ブラジルをインドの観光・ビジネスのプレミア・デスティネーションとしてアピールすることを目指しているのである。

有事の際のリスクを軽減するために

観光庁の過去の訪日客に関するデータを見てもわかるとおり、特定国からの訪日客を増やすためには、ビザ発給要件の緩和と、それに伴う航空路線戦略が欠かせない。そうした日本を訪れる際のハードルを取り払ったからこそ、近年における訪日中国人の急増を生んだことは、記憶に新しい（もちろん集客のためのマーケティングも不可欠であるが）。

日本とインドを結ぶのは、デリーやムンバイといった2大都市への直行便だけではない。インド系住民が多数いるシンガポールやマレーシアを経由すれば、それ以外の中核都市との往来も、さまざまな活用の可能性が見えてくるだろう。

たとえば、南インドの人口700万を誇るチェンナイでは、移民としてマレーシアに渡ったインド（タミル）人が少なくない。すなわち日本を訪れる〝ついで〟としてマレーシアに住む知人や親戚、ビジネスパートナーと会うといったオプションも十分に考えられる。

インド人に対しては、外務省は2019年1月1日より、「①数次ビザの発給対象者の拡大（90日・5年）」（過去3年間に2回以上の訪日歴に対し、他の要件なしに数次ビザを発給する）」「②数次ビザの申請書類の簡素化（原則として納税証明書のみで渡航支弁能力を証明可）」としているが、さらなる緩和措置、あるいは先に書いたようなインド人特有の事情に合わせた工夫も凝らすことができるといいかもしれない。

いずれにしても、今般のコロナ禍で露呈したインバウンド市場におけるリスクや不安定さを補うためには、1つの国やエリアに頼らない方策を講じなければならない。後でも詳しく触れるが、「〇〇からの観光客だけ」と偏った集客は、ウイルスによるパンデミックのみならず、有事の際に、足をすくわれる可能性をはらんでしまうからだ。

そうした偏りをなるべく減らしつつも、着実に成長を続けていくためには、本項で触れたようなニューマーケットを開拓しつづけていくことが重要である。

23

a new concept of TOURISM INDUSTRY

観光CRM

CRMと呼ばれる顧客関係管理とはなにか

CRM（Customer Relationship Management）、すなわち顧客関係管理の重要性が叫ばれるようになったのは1990年代後半である。この顧客満足度と顧客ロイヤルティの向上に資するといわれるCRMは、顧客を主役にしたマーケティングの1つだ。

端的にいえば、CRMは顧客属性や接触・購買履歴といったデータを蓄積・管理し、それぞれの顧客に応じたきめ細かい対応を行うことで長期的な関係性を築き、顧客満足度の向上や取引関係の継続につなげる取り組みである。

昨今では、こうしたCRMを効率的に行うためのツールが各所で開発されており、民間企業だけでなく、地域の団体でも活用する動きが活発になっている。

地域のファンをつくることの重要性

マーケティング業界では、一般的に「1対5の法則」というものがある。既存顧客を1人相手にするのに比べ、新規顧客を1人獲得するためには、5倍の労力やコストがかかるといわれる法則だ。

したがって、新規客だけがいる観光地と、半数が新規客で半数がリピーターである観光地では、どちらが目指すべき姿であるか。もしかしたら、これまでは前者を選ぶ地域や事業者が多かったかもしれない。コロナ禍が発生する前までは、インバウンドはバブルともいえるような状況だったからだ。実際、訪日外国人観光客数はこの10年で約4倍にも膨れあがっており、この急激な市場の成長について警鐘を鳴らしていた専門家も少なくない。

しかし、第1章の「量から質へ（発想の転換）」でも書いたように、〝数〟に頼った結果、オーバーキャパシティの問題が顕在化してきた昨今、やはりリピーターという名のロイヤルカスタマー（忠誠心の高い顧客）を増やしていかなければならなくなっている。そのことにいち早く気づいた地域や観光事業者は、すでにCRMの手法を導入している。これを「観光CRM」と呼ぶ。

スイス・ツェルマットを参考にした気仙沼DMOの取り組み

米国発のCRMソリューション企業で、世界シェアナンバーワンのセールスフォース・ドットコムによれば、CRMのメリットとして「顧客情報の一元管理による生産性向上」「情報のリアルタイム共有」「営業業務の効率化」「属人化からの脱却」「チーム内のコラボレーション」「顧客満足度の向上」があるとしている。

これらはほぼ観光CRMにおける利点とイコールであるが、この観光客のなかに地域住民を含めることで、観光庁も示している「住んでよし、訪れてよし」につなげられる点もポイントだ。CRMには顧客属性データが活用できるという特徴もあるからだ。通常、観光客と住民それぞれで行動データを取得するのは容易ではない。このことはコロナ禍のような域外からの観光客の訪問に大きなダメージが発生した際にも利点があるといえる。

宮城・気仙沼DMO（気仙沼観光推進機構と一般社団法人気仙沼地域戦略）の取り組みはその好例だ。DMOの機能であるマネジメントとマーケティングのうち、後者を担うのが一般社団法人気仙沼地域戦略である。同法人が行っている取り組みの1つがポイントカード「気仙沼クルーカード（以下、クルーカード）」で、観光CRMの役割を果たしている。

クルーカードは、気仙沼DMOが視察したスイス・ツェルマットの観光組織が行ってきた取り組みから考案したものだ。ツェルマットでは宿泊施設や観光事業者が持つ顧客情報をDMOのシステムに一元管理させ、さまざまな施策に落とし込んでいる。

同じようなやり方を模索したが、個人情報保護法の関係で、地域を軸としたポイントカードの導入を選んだという。

2020年7月時点でクルーカードの会員は2万5000人超となり、同制度を創設した2017年4月から蓄積したさまざまなデータを集約することで、マーケティングに活用している。

過去の購買データから、仙台を中心とした宮城県からの観光客と一関や盛岡といった東北他県からの観光客、あるいは首都圏から訪れる人では、人気のシーズンも違えば、気仙沼に来る理由や期待も異なることがわかった。そこで、ターゲットごとに伝えるメッセージや訴求する商品、サービスも変えているという。

具体的には、加盟店での施設利用に対し、ポイントをプレゼントするキャンペーンがあったが、本来は宿泊客への値引きキャンペーンを想定していた。しかし、会員アンケートの結果、ポイント付与のほうがよりニーズがあるとわかり、方針転換したのである。

このように現状を把握したうえで、相手のニーズに応じた（マーケットインの）施策を打つマーケティング活動は、民間企業では当然のようにしていることかもしれないが、日本国内に地域単位で実践できている事例は多くない。自ら顧客情報とデータを所有する気仙沼DMOならではの強みだといえる。

コロナ禍でも売上減を食い止めたキャンペーン

このクルーカードは、会員の半数以上が気仙沼市民であることから、いわゆるマイクロツーリズムにも活用している。コロナ禍発生後の2020年4月上旬にいち早く、市民や市内事業者を支援する施策「フレー!フレー!地元キャンペーン」を実施。これによりキャンペーンの1ヵ月間、気仙沼市外会員による消費は前年同期比53%と半数近くに減ったものの、市内会員による売り上げは同96・8%、市外市内あわせての1レジ当たりの単価も94・6%と微減にとどめたという。

気仙沼市内会員による域内消費と、市外会員による観光消費を分けてデータを捉え、それぞれに対して目標値を設定することも可能になっている。結果として、第1章でも述べた「観光貢献度の可視化」も容易になる。

利用頻度の高い顧客を抽出し、彼らをプレミアム顧客と捉え、非公開モニターツアーへの招待といった施策も実施。より広い顧客へのアプローチに役立てるためのフィードバックももらっている。

ちなみにプレミアム顧客は、(2020年7月時点であるが) 2019年の実績からクルーカード利用5回以上かつ利用金額5000円以上という条件があった。

事業者が同制度に加盟するためには、初期のシステム設定費用以外に、毎月の利用料を支払う必要があるが、負担金は一律ではなく、売上金額に応じて増減する点にも注目だ。

新潟県の日本海に浮かぶ島、佐渡観光交流機構でも、同様の取り組みがある。マイカーでの来島者にポイントを還元するキャンペーンを行っているが、それには「さどまる倶楽部」という地域主導アプリの会員になってもらうことなどを条件にしている。当然ながら、ここにも観光CRMという狙いがある。

大切なのは、瞬間風速的なキャンペーンで終わらせず、このように顧客とのつながりをつくり、継続的にフォローする仕組みを生むことである。

「リテンション」を保つ既存客への情報発信

気仙沼DMOが参考にした、観光立国スイスのツェルマット観光局で30年以上にわたりマーケティングに携わってきた山田桂一郎氏は、「顧客との関係性を維持する〝リテンション〟を効かせることが重要」と語っている。すなわち、新規客への情報発信も大切ではあるが、それ以上に既に当地を訪れたことのある人に対して、自分たちのことを思いだしてもらうことがポイントであるという。

実際、スイスの過去の事例（土砂崩れが起き、数ヵ月にわたり交通が閉ざされた）では、各観光事業者が既存の顧客に対して手書きできめ細やかなハガキを送ったことにより、結果的に、年間の延べ宿泊者数は前年比1割減で済んだ成功体験がある。

同じく日本国内でも、由布院から車で20分に位置する大分・湯平《ゆのひら》温泉の旅館「山城屋」が、2016年の熊本地震で8割を占めていた外国人客の激減を経験している。当時、同館の代表・二宮謙児氏は、既存客が多くを占めていたフェイスブック上でつながる外国人客に対して積極的に情報発信を行ったという。その結果、半年と待たずに、外国人客のV字回復を実現させることができている。

顧客のライフタイムバリューを上げよう

実は、江戸時代の商人は火事があったら、「顧客台帳」を持って逃げていたそうだ。それほど顧客台帳が大切なものだった。顧客台帳さえあれば、ビジネスを即座に再構築できるからだ。つまり日本人のDNAにはCRMのベースがあったといえる。マス・ツーリズム化のなかで失われたそれをいま、あらためて取り戻すときがきている。

コロナ禍によって、あらためて我々が学んだこと、それは顧客とのつながりの大切さである。それさえあればコロナでも潰れない。つながりのある飲食店は、テイクアウトやデリバリー、クラウドファンディングといった別のかたちで常連が支援してくれるからだ。

いま一度、顧客リストを整備し、しっかりフォローする。また、再度来てくれた顧客に対しては、一層のおもてなしを行うべきだ。それを事業者が行うことはもちろん、観光においてはエリア全体で仕組みとして行うことが重要だ。それにはCRMが不可欠だ。もちろんCRMは手段であり、最終的には売上につなげ、地域が豊かになることが目的である。

量から質への転換や、サステナブルな地域づくりにはCRMは欠かせない。CRMを活用することで、顧客のライフタイムバリュー（顧客から生涯にわたって得られる利益のこと）を上げて、サステナブルな企業・地域になっていこう。

a new concept of
TOURISM
INDUSTRY

#24 リスク分散／事業の多角化

コロナが収束しても続けていくべきこと

たとえ今般の新型コロナウイルスが収束しても、同じような感染症によるリスクは10〜50年単位で発生する。疫学の専門家らはそのように指摘する。残念ながら国・地域をまたぐ移動が活発になるほど、そのリスクは大きくなる。

もちろん、カントリーリスクもある。近年では、訪日数で世界2位だった韓国と日本との間で、政治問題が発生し、2019年後半から訪日韓国人の数が大きく減っていた。国同士の関係だけでなく、政治・社会情勢が不安定な国もある。訪日リピーターが多いことで知られる香港では民主運動が、訪日客が伸びているタイでもたびたびクーデターや反政府デモが起きている。欧州では、2010年に起きたアイスランドでの火山噴火によって、多くの国で空域閉鎖による航空運行に大きな支障が出た。

したがって、コロナ禍による影響がなくなり、国際観光が回復しようとも、観光に携わる地域や事業者にとって、リスクの分散は頭に入れておくべきことだといえる。

盆暮れ正月や大型連休に依存しないために

リスク分散のためには、顧客セグメントを1つに絞らないことが重要だ。国内旅行者だけでなくインバウンドも、インバウンドだけでなく国内旅行者もというバランスを取ったり、インバウンドにおいても、特定の国や地域だけでなく、なるべく分散させて集客していく。特定のセグメントに依存することは、リスクが増すことを意味するからだ。

たとえばマイクロツーリズムといわれる近隣旅行については、今後、同様の感染症があった場合も安定したマーケットになるといえる。ただ、安定したマーケットだけでは成長性がないため、安定市場に成長市場を組み合わせていくことが大事である。

集客チャネルを複数にすることも重要だ。特定の旅行会社、特定のOTA（オンライントラベルエージェント）、特定のSNSに依存することもリスク増加につながりかねない。提供する企業の倒産、合併や経営方針の転換による仕様変更、さらには料金改定といった複数のリスク要因も包含する。

プロモーションや販売チャネルの多様化といったマーケティング面だけでなく、ビザ（査証）発給要件や航空ネットワークの戦略といった政策面からも進めていく必要がある。各自治体や事業者でこれを行うためには、現在の受入国・エリアのデータを把握しなければならないだろう。

また、日本人（国内）旅行者についてあらためて考えると、祝祭日やGW、お盆や正月に集中する現状をどう分散化するか、ということに社会全体で取り組まなければならない。それには社会の仕組みの変革、ならびに日本人の働き方・生き方の見直しも必要だろう。

一例をあげれば、オランダでは長期休暇の期間を地域ごとにずらしている。国民が同じ時期に休みを取ると、レジャー施設の混雑や交通渋滞を生むからだ。ワーキングシェアが普及しているオランダらしい考え方で参考になる。

事業の多角化を図る際のポイント

あわせて収益構造の分散もできるといい。本業以外の収益をつくるということだ。既に書いたが、コロナ禍のなか、各地で模索が続くバーチャルツーリズムや、特産品の通信販売といった非接触でも売上が立つ仕組みは、経営基盤を強固にする意味でも、永続的な取り組みになることが期待される。

たとえば香港の訪日旅行ナンバーワンの旅行会社、EGLツアーズは、コロナ禍の発生後の2020年4月に、ECサイト「EGL Market」を設立した。日本を中心とした世界中の生鮮食品、加工品、日用品を販売している。この取り組みは同社の強みを活かしたものである。旅行業を通じて、既に日本の地域の事業者と接点があるため、オリジナリティのある品揃えがつくれる。加えて、EGLには〝日本好き〟という顧客リストもある。これをかけ合わせれば、既存のECサイトにはないバリュー（価値）を生みだせる。さらに、そうしてつくりあげた地域とのつながりは、国際観光が再開したあかつきには、元々の主力コンテンツである旅行商品の魅力を上げるのに役立つ。もちろん既存顧客のエンゲージメントを高めることも可能だ。

DMOが地域商社的な動き、つまり物販に取り組むという選択肢もある。本来、観光により地域ブランドを高め、それを物販につなげるのがあるべき姿。北海道は観光により地域ブランドを高めたことで、いまや、世界中に「北海道（Hokkaido）」名前を冠した店舗や商品が増えている。そういう意味ではDMOも観光だけでなく、地域商社的な機能を持ち合わせることや、密に連携することが大切だ。

こうした取り組みによって、リスクが発生したときの強靭《きょうじん》さを身につけるためには、「アンゾフのマトリクス」というフレームワークを取り入れるといいだろう。既存の市場と商品、新規の市場と商品の4つの象限を組み合わせることで、成長性を生み出し、リスクへの対抗力をつけるというものだ。

たとえば先の香港EGLツアーズの例は、既存の市場（顧客リスト）に新規の商品を販売するという方法であった。仮に今後もグローバルな人の移動が制限されたままであるならば、香港向けマーケットにつくっていたツアーを〝香港人の満足度ナンバーワン〟と称して、東京に住む日本人や在日中国人に売ってもいいわけだ。規制や免許制度をクリアする必要があるかもしれないが、ピンチのときこそ、そうしたものを突破する大義名分が示せるため、ハードルが下がることもあろう。

こうして考えると、事業の多角化のカギとなるのは、自社の強みを把握すること、顧客リストをデータ分析すること、そしてアフターコロナを見据えた本業とのシナジー効果を検証することだといえる。

第 5 章

地域を支える「人」を育てる／呼び込む

a new concept of TOURISM INDUSTRY

#25

a new concept of TOURISM INDUSTRY

人材の確保・育成

出向者は構造上、コア人材になりづらい

「住んでよし、訪れてよし」を実現するためには、「人」の存在が欠かせない。特に観光に携わる事業者、あるいは地域においてマネジメントやマーケティングを担うＤＭＯのような団体には、既存の観光の枠にとらわれない考え方と知見を持った人材が不可欠である。

観光庁が行った「世界水準のＤＭＯのあり方に関する検討会」の中間報告書（２０１９年３月発表）では、人材における問題点がこのように記されている。

「出向者が中心となっている組織では、専門的なスキルの蓄積や人脈の継承が困難であり、組織としての専門性の維持、向上に課題を抱えている」

ここで言及されている日本版ＤＭＯは、地域の観光地経営の舵取り役としての役割を担っている法人であるが、これは地方の観光事業者・団体にも広くあてはまる。

ただし、出向者やそのシステムが〝悪〟であるわけではない。重要なのは、地域への強いコミットメントのある「コア人材」が、組織のなかにいるかどうかである。そして、構造上、出向者はそうしたコア人材にはなりづらいということだ。

覚悟をもって採用活動をすることの重要性

ＤＭＯ含め、観光業界は給与が低い傾向があり、必然的に高いマネジメント力とマーケティング力、さらにはファイナンスなどの知識を持った人材が不足している。実際、チェーン展開していない地方のホテルのなかには、「１００人程度の従業員がいるものの、経営的スキルを持つ人材は社長である自分しかいない」といった施設も少なくない。

したがって、相応の報酬と労働条件を用意することで、有能な人材を全国規模、世界規模で募集する必要がある。

たとえば、２０１６年には静岡ツーリズムビューローが、即戦力人材に特化した転職エージェントのビズリーチと手を組んでDMO総括責任者とマーケティング責任者を公募した。前者は最高年収1000万円とし、ミッションや業務内容を明確に表示した。

その結果、JNTOや旅行事業のマーケティングに特化したマイルポスト社の取締役を務めていた府川尚弘氏が就任。2020年現在も、静岡ツーリズムビューローの顔として活躍している。同じく静岡県の浜松・浜名湖DMOでも、最高年収1000万円の事業責任者（COO）を公募。ホテルや鉄道会社の事業再生に取り組んだ後、浜松市内で起業し、アドバイザー業務を手がけていた前田忍氏が就任している。

年収1000万円という数字を見てどう感じるかは、人それぞれで異なるだろうが、アメリカのDMOと比べたときには、決して高い数字であるとはいえない。たとえば、アメリカ・フロリダ州の地域DMOである「Visit Orlando」は、最高責任者（PRESIDENT & CEO）の2018年の給与が約64万7080ドル（約6840万円）であるとしている。

そのほか9人の取締役も軒並み2000万円を超えている。逆の言い方をすれば、地域の観光事業を束ねるスペシャリストを集めるためには、それだけの給与条件が必要だということである。

世界のDMOに肩を並べようとしているのが、京都市観光協会（DMO KYOTO）である。同組織では、マーケティング機能の強化のため、2016年7月からデータ分析の専門家として民間シンクタンク出身の堀江卓矢氏を採用している。

このように外部から高度なスキルを持った人材を積極的に採用・登用している地域には共通して「覚悟」があるといえる。静岡ツーリズムビューローが提示した年収1000万円は、従来から各地にある観光協会の給与水準としてはかなり高い部類に入るが、逆にいえば地域の命運をかけた事業であることの裏返しということだ。補足するように、行政のトップが、こうした人事に対して覚悟を表明することも重要であろう。

地域から疑問の声が出る可能性も否定できないが、だからこそ第1章で言及した「観光貢献度の可視化」が伴っている必要もあるといえる。

とはいえ、年収1000万円（に匹敵する水準の給与）を払える地域は多くない。一方で、どんな地域であれ、コア人材が不要だというところはない。そこで活用できるのが、2014年に立ちあげた「やまとごころキャリア」だ。現在は弊社グループ会社が運営する同サイト（サービス）では、民間企業だけでなく、DMOや観光協会でも、そういったコア人材の採用（マッチング）を数多く成功させている。

職域やタスクを明確にすることで〝個〟に合わせた勤務体系が見えてくる

そうしたコア人材を確保したうえで、専門性をもった新しい働き方、すなわちリモートワーカーや多拠点生活者、ポートフォリオワーカー（複数の職業を組み合わせる働き手）といった人材を活用するといいだろう。2020年10月には、ANA（全日本空輸）が副業要件を大きく緩和し、みずほ銀行が週休3〜4日制を導入するといった動きも出ている。これは〝追い風〟要因だ。「週5日、特段の理由がない限り会社に通う」といった固定概念をなくすことで、スキルを持った人材を採用する可能性が高まる。

こうした新しい働き方の人材を活用するには〝ジョブ型雇用〟の考え方を取り入れる必要がある。つまり、職域やタスクを明確にすることが前提だ。先ほどの静岡ツーリズムビューローが募集したDMO総括責任者の例でいえば以下のようであった。

求められるミッションとして、「旅行消費額の上昇」「延べ宿泊者数の上昇」「来訪者満足度の向上」「リピーター率の上昇」が掲げられ、業務内容については、「県内行政機関、観光協会、静岡県内地域DMOなど、関係団体のニーズや課題の整理」「ミッション達成に向けた戦略、KPIの設定」「チームマネジメント（PDCAサイクルの確立、既存スタッフの育成など）」「DMO推進に係る各種会議の運営」とされていた。

このように、業務を明確にしたうえで、臨機応変に勤務条件（働き方）を考えていくのである。とある地域DMOでは、首都圏でコンサルティング会社を営む専門家を、双方の合意のもと、週1回程度の勤務で雇っている。

ここでも、受け入れ側の「覚悟」は欠かせない。「週に1回しか働かない人材に業務を任せていいのか」という意見が出てくることも考えられるからだ。

現状では高スキルな人材は首都圏を筆頭にした都市部に集中していることが否定できないため、そうした人材に参画してもらうためには、移住を伴わない（あるいは拠点を複数にする）かたちで働いてもらうと実現可能性が高くなるということだ。

新しい働き方によって広がる人材登用の方法

第1章でも触れたNIPPONIAという活動を行っている株式会社NOTEは、兵庫県丹波篠山が本拠地であるが、出勤義務がなく、どこに住んでいてもよく、働き方も自由という組織体制にしていることで、専門スキルと高い能力を持った人材を雇うことができている。同社の代表を務める藤原氏は、こう語っていた。

「丹波篠山にある事務所に来ているのは、今日（※取材日）でいえば、経理管理担当くらいです。それ以外はみんな東京、千葉、鎌倉、岐阜、福岡、出雲、静岡と、バラバラのところに住んでいます。月に1回程度、全社ミーティングがあるので、そのときには来てもらいますけど、逆にいえばそのときくらいしか集まらない。テレビ会議もできますから」

さらに、同氏は社員それぞれが会社を起ちあげることも自由であるともいう。このインタビューを行ったのは、コロナ禍が発生する前であるが、くしくもこのパンデミックによってリモートワークやテレビ会議を駆使した働き方が広まってきている。

「自分らしい仕事」を求める人材はどこにいる?

こういった新しい働き方を好む人材は、「自分らしい仕事」や「やりがい」を大事にする傾向があることも留意したい。したがって、採用活動をするにあたっては「選択と集中」をする必要がある。

2020年1月に『働くコンパスを手に入れる』(晶文社)を上梓した田中翼氏が代表を務める「仕事旅行社」のような職業体験サービスを活用するのも手である。実際、「観光プロデューサーになる旅」と題したプログラムもあり、南房総市地域おこし協力隊が「旅のホストと仕事ガイド」を行ってくれるという。また、同社は「おためし転職」というサービスも展開しているが、その利用者の実態について田中氏は、ASKULのオウンドメディア「みんなの仕事場」のなかでこう答えている。

「20代中盤～30代前半の応募者が多いです。大手企業に5～6年勤めて、組織の歯車でいるよりは自分らしい働き方をしたい方、自分の価値観に沿って仕事を選びたい方というイメージです。（中略）金融やコンサル、広告代理店など数字を追いかけている人が、仕事ともっと濃密な関わりや手応えを求めて参加しているというイメージです」

地域と日本中を渡り鳥のように暮らしたい人をサポートする「wataridori」や、既に「ロングステイヤー／ワーケーション」の項目で触れたようなサービスもある。Ｚｏｏｍなどのテレビ会議システムやChatWorkやSlackのようなコミュニケーションツールも含め、「新しい働き方」を支えるインフラは整ってきているのだ。

中核人材を「育成」するために

もちろん、地方にも高いスキルを持った人材はいる。たとえば、衰退した観光地の代名詞となっていた静岡県の熱海を再生させた市来広一郎氏は代表例だ。幸運にもそうした人材が地域にいるならば、積極的に要職に登用し、活躍の幅をもたせていくといいだろう。

また、観光以外、たとえばコンサル業や金融業といった分野から参入してきた人材で、活躍している事例は各地である。そうした成功事例を全国から集め、ロールモデルとして紹介すると、自地域でも効果的な人材の流動性を誘発させる可能性が高まる。

それが難しいのならば「育成」という観点から取り組む方法もある。実際、近年、観光人材を育成するためのプログラムは増えている。しかし、無料で行われていることもありやや訴求力が弱い。やはり、有料でも魅力あるプログラムにすることで、本気度と覚悟を持った人を呼び込まなければ、地域を引っ張る人材を育むことは難しい。

リカレント教育の必要性

そのなかで富山県が行っている「とやま観光未来創造塾」は、体験・視察、ワークショップを通じた実践的な内容である。講師陣も実践者が多く、地域づくりの第一人者と呼べる顔ぶれだ。ただし、募集方法や過去の実績などの見せ方には改善の余地もいくつかある。

今回のコロナ禍で私自身もＭＩＴ（マサチューセッツ工科大学）のMIT MANAGEMENT EXECUTIVE EDUCATIONが行うプログラム（Mastering Design Thinking）に参加している。

世界トップクラスの教授や実践者から学べる仕組みとなっており、世界中から参加者を募っている。費用は3300ドルだ。私のグループワークのメンバーはアルゼンチン、アメリカ、サウジアラビア、そして日本（私）と国際色豊かである。日本でも同じような取り組みが京都大学を筆頭に複数あるが、全国からそして世界から受講者が呼べるような訴求力のあるプログラムになると、よりよい学びの場となるだろう。日本はこうしたリカレント教育（社会人の再教育）において世界のなかでやや遅れており、プログラムを提供する側も、受講者である社会のほうも変わっていく必要がある。

人材交流で成長を促す

育成は産学官が連携し積極的に人材交流をすることでも可能である。兵庫県豊岡市では、「大交流課」という部署を創設し、さまざまな民間企業と人材の交流を行っている。

大手企業では特別なことではないが、ITベンチャー企業でもそうした動きが出てきている。たとえばインバウンド向け訪日メディアのMATCHAでは、2019年4月から香川県三豊市に人材を出向させている。派遣されている編集者は、三豊市・産業政策課での情報発信だけでなく、MATCHAの業務も並行して行っている。それによって、両者のシナジー効果も生まれているといい、これも新しい働き方、枠組みとして注目に値する。

a new concept of TOURISM INDUSTRY

#26 サバティカル制度

イノベーティブな人材を生みだすギャップイヤーとは？

前項でも触れた「育成」やリカレント教育ともつながるが、ここでは、より自然発生的に地方の「観光再生」に資する人材を生み出していく方法について検討したい。

カギを握るのは、〝ギャップイヤー〟である。欧米でギャップイヤーというと、一般的に「大学入学を1年間送らせて、長期の旅行やボランティア活動などを経験する期間」である。ロンドン・ビジネススクール教授のリンダ・グラットン氏は著書『ワーク・シフト』（プレジデント社）や『ライフ・シフト』（東洋経済新報社／アンドリュー・スコットとの共著）のなかで、大学を卒業した後や社会人を経験した後でも、「ギャップイヤーを取るべきだ」という持論を展開している。

本書でこれまで記してきたとおり、「観光再生」には、これまでの常識をくつがえすような考え方や働き方、価値創造などが不可欠であるが、当然ながらその中心には、イノベーティブな人がいなくては始まらない。

そうした柔軟性を持ち、固定概念にしばられない人材を生みだすには、数ヵ月、半年、1年といった単位の〝ギャップイヤー〟が必要だということだ。

そのためにも、社内制度としてギャップイヤーを推奨する制度を整えること、さらには社会（地域）全体でギャップイヤーという〝空白期間〟のある人を受け入れる土台（環境）をつくっていくことが大切である。

ヒントとなるのが欧州で誕生したといわれる「サバティカル制度（休暇）」である。日本でも、古くから大学教員などを対象に採用されている制度だ。

既に触れたワーケーションとの違いは、ワーケーションが業務に携わる必要があるのに対し、サバティカル休暇は業務から離れることが前提にあるため、自分のスキル磨きに集中できることだ。

こうした制度はほかにも利点がある。たとえばESと呼ばれる従業員満足度を高められるし、人事的な目線でいえば、優秀な人材を採用することにも役立つ。グローバル企業などは、こうした制度を競って打ちだしており、世界規模でスキルの高い人材を集めようとしているのは周知の事実だ。

〝観光業以外〟で導入が進むサバティカル制度

たとえば国立大学の1つ、茨城大学では「教員の教育及び研究等の能力を向上させることを目的として、教育、校務及び社会連携活動に係る職務の全部または一部を一定期間免除し、学外の教育研究機関等において自らの研究に専念させる『サバティカル制度』を実施しています」とある。

あるいは独立行政法人国際協力機構によるJICA海外協力隊という事業には、「現職教員特別参加制度」がある。現役の学校の教員が、海外派遣と訓練を計2年にわたって受けるために、身分を保持したまま、海外協力隊に参加できる制度である。

民間企業でも広まりつつある。ヤフーやソニーはその代表だ。リフレッシュ休暇として、1週間から10日間程度の休暇制度を導入する企業は多いが、この2つの大手は「従業員の成長」を目的とし、数ヵ月を超える期間を設定している。特にソニーは、「フレキシブルキャリア休職制度」と題して、以下のように記している。

「ソニーでのキャリア展開を豊かにするため、配偶者の海外赴任や留学への同行で知見や語学・コミュニケーション能力の向上により、キャリアの継続を図る休職（最長5年）や、ご自身の専門性を深化・拡大させるための私費就学のための休職（最長2年）ができるようになっています」

こうした多様な文化に触れたり、新たな価値観の創造につながるサバティカル制度は、観光分野こそ必要なものである。なぜなら、インバウンドを含めた観光客を受け入れるにあたっては、自分や従業員が観光客にならなければ、相手の気持ちを理解することやニーズを把握することはできないからだ。したがって自分たちのエリアや事業のどこが魅力的に映り、どこが他者と変わらないのかも自覚できない。

しかし、残念ながら観光分野でサバティカル制度を導入する動きは少ない。

戦略的に地域の観光を担う人材を育てる

サバティカル制度は、業務から離れ、自己鍛錬や資格取得、海外留学、趣味などに時間を充てられるぶん、離職・復職には気を遣う必要がある。引き継ぎ業務はもちろんのこと、同僚や部下などとの良好な関係性を保たせるために、積極的なコミュニケーションを促すことなども欠かせない。サバティカルで得た経験・会得したスキルを活かすようマネジメントしたり、どう企業のメリットになっているかを「見える化」したりすることも重要だ。

Airbnbが特別なプログラムを実施する理由

金銭的に負担になっていても、それ以上のリターンがあると考え、ほかにはない特別なプログラムを用意する観光業に関わる企業がある。民泊大手のAirbnbだ。

同社は、2019年1月にイタリアの南部にある村でサバティカルを行った（5人の公募に対し、28万人が応募）のを皮切りに、南極調査プロジェクトのボランティア（2019年11～12月の1ヵ月間）の募集も行った。後者は「持続可能な旅」について考える機会を与える目的があったという。

加えて、2020年2月には4月1日～5月31日の約2ヵ月間のサバティカル企画を西インド諸島のバハマで実施すると発表した。こちらは2019年にハリケーン災害に見舞われたバハマを支援する狙いもあり、参加者はNGO「Bahamas National Trust」でボランティアとしての活動を行う予定であった（コロナ禍によって中止されたようだ）。

こうした取り組みには当然コストがかかるわけだが、中長期的な目線で同社にとってのメリットがあるからこそ実施している。

中小企業や個人事業が多い観光分野においては、地域をあげてこうしたサバティカル制度を行ったり、バックアップするのも1つの手かもしれない。

たとえば、地域の観光協会のなかでサバティカル制度の一環として若い人材を海外のDMOに派遣したり、自治体として数ヵ月単位の休暇制度を整えたり、民間企業に対するバックアップ制度を導入したり、大手商社や金融機関ではよくある海外留学を支援したりするのである。そのようにして戦略的に地域の観光を担う人材を育てることも、観光再生、ひいてはサステナブルな観光地づくりには欠かせないだろう。

a new concept of TOURISM INDUSTRY

#27 ダイバーシティ

多様な人材が揃っていれば、多様化するニーズに応えられる

さまざまな業界や分野で人材のダイバーシティ（多様性）の必要性が叫ばれるようになって久しいが、観光業にとってもそれは例外ではない。

コロナ禍で一時的に停滞しているものの、中長期的には国際観光市場が急成長してきているなかにあって、観光に携わる組織におけるダイバーシティは欠かせない。なぜなら受け入れる相手の多様性が、どんどん加速しているからだ。10年前はイスラム教徒の女性が頭に被るヒジャブをしている姿を日本国内でみかけることはほとんどなかったが、現在（コロナ禍前）は一日に何度も見かけるようになった。これはまさに観光客が多様化している証左である。

たとえばアメリカを代表するDMOの1つである「Visit California」のCEOはCaroline Beteta氏という女性であ

り、彼女を含めた5人の取締役のうち3人が女性である。さらにコアメンバー17人のうち12人が女性である。一方、「人材の確保・育成」でも触れたDMO KYOTOは、会長、執行責任者、財務責任者、マーケティング責任者、プロモーション責任者の5人はいずれも男性であり、理事会の構成委員についても、女性は49人中2人にとどまる。両者を比べてどちらが多様性のある組織なのかは、あらためて指摘するまでもないだろう。

組織のなかに女性や外国人といった多様な人材がいれば、それだけ多様化するニーズを捉えたり、対応できたりする組織の柔軟性が生まれる。

女性にとっても、外国人にとっても日本は魅力的な働く場になっていない

WEF（世界経済フォーラム）が発表した報告書によれば、日本のジェンダーギャップ（男女格差）は、153カ国中121位であるという。政治、経済、教育、健康の4つの部門でスコア化しているが、特に格差が大きいのは政治と経済であった。日本政府は女性の活躍促進を掲げているが、世界に比べて遥かに遅れているというのが現状である。

日本で働く外国人労働者は2019年10月末の時点で、約165万人であると厚生労働省が発表している。10年間で約3倍に増えているが、全人口に対する割合では1%強である。そのうち技能実習生やアルバイト、パートとして働く留学生が少なくない。つまり高

度人材の割合は低いといえ、実際、出入国在留管理庁によれば2019年末の時点で約1万5000人であるとされる。2019年7月にイギリスのHSBCホールディングスが行った調査「各国の駐在員が働きたい国」では、33ヵ国中日本は32位であった。安倍政権下で、日本は移民政策にかじを切ったことはよく知られているが、残念ながら「働く場」として国際的に魅力にあふれているとは言い難いのである。

「女性の採用率を上げること」が目的ではない

ダイバーシティとは、「性別」「国籍」「世代」「スキル」「キャリア」であるという。これらの面でダイバーシティがある組織は、今回のコロナ禍のような危機に陥ったときからの回復が早く、イノベーションの創出の促進、ならびに生産性の向上にもつながるという実際のデータがある。

しかし、ダイバーシティが叫ばれだした2000年代は、「女性の活躍推進」という面だけがフィーチャーされ、形式的に女性の就業率を高めるケースが目立った。すなわち、女性の登用はあくまで〝特別扱い〟であるゆえ、ダイバーシティの本質である、「多様な人が活躍できる」というところに至らなかったのである。「経営的にプラスになるからやる」というよりは、「仕方なく受け入れている」という姿勢だったといえる。

多様な人材が活躍できることが重要である

経済産業省が2017年より打ちだしている「ダイバーシティ2・0」は、この点を考慮している。「ダイバーシティ2・0 一歩先の競争戦略へ」のなかにはこう書かれている。

「多様な属性の違いを活かし、個々の人材の能力を最大限引き出すことにより、付加価値を生み出し続ける企業を目指し、全社的かつ継続的に進めて行く経営上の取組」

すなわちダイバーシティの確保は目的ではなく、個々の人材の能力を最大限に引きだす手段ということ、そして継続的な取り組みであることが前面に出ているところも重要だ。

たとえば、組織のなかで継続的に女性の活躍を引きだしていく場合。ライフワークバランスを犠牲にしたり、本当は子どもが産みたいのにキャリアを優先させるために諦めたといった代償を払ったうえでのそれは、継続的な観点ではうまくいかない。これは、「女性」を「国籍」や「年齢」などと置き換えてもまったく同じである。

目の前の仕事にやりがいを感じたり、誰よりも結果を出したりするために仕事人間になることを否定しているわけではない。人生100年時代といわれる長いライフステージのなかでは、ライフワークバランスを重視する時期もあれば、仕事に集中したい時期もある、スキルを磨くために仕事の比重を減らし、「学び」に時間を割くこともあるだろう。そうしたさまざまなライフステージを行ったり来たりできる、しなやかな組織体制を敷くことがダイバーシティを実現させることにつながるのだ。

民間の観光事業者にとっても、ダイバーシティはプラスになる。それは単に多様化する観光客のニーズに応えるだけでなく、従業員の定着度アップにも利するからだ。採用・教育にかける経費は、決して少ないものではないが、社員が辞めない組織になれば、この経営コストは大きく減らすことができる。

固定概念を打ち破るために必要なこと

日本の組織がダイバーシティを進めるうえで乗り越えるべきものがある。「アンコンシャス・バイアス」と呼ばれる無意識の偏見である。これは意識していないゆえに、根が深い問題であり、対策を講じる必要があるといえる。

「子どもが病気になったら母親が休んで看病するのがあたりまえ」

「日本人労働者とアジア系の外国人労働者が一緒に働いていたら日本人が上司だと思う」

「上司よりも部下が先に帰るのはよくない」

「単身赴任と聞くと、男性（父親）をイメージする」


これらは、先入観で決めつけていることの一例である。特に日本の観光に携わる組織は、かねて男性社会であり、女性は現場スタッフとして登用される傾向があった。地方ほど男性がマネジメントする側、女性はマネジメントされる側という固定概念が色濃く残っている。これは個々の能力を最大限に引き出すには、是正しなくてはならないことだ。

すでに、ジェンダー（性別）の区別をやめる動きは、さまざまなところで始まっている。ユニリーバ・ジャパンは、2020年3月から応募書類のなかの性別欄や顔写真の提出を廃止している。女性アナウンサーへの登竜門といわれていたミスコンテストも、廃止する大学が増えている。代わりに性別を区別しないコンテストへ切り替えたり、性別に関係なくエントリーできることを明文化するといった動きがある。

ダイバーシティへの取り組みは、時代の流れとともに加速している。遅れがちである地方や観光分野でも、ぜひ進めていきたいものである。

a new concept of TOURISM INDUSTRY

#28 関係人口の創出

「関係人口」という考え方がなぜ必要なのか

本書でこれまで触れてきたロングステイヤー／ワーケーション、レスポンシブル・ツーリズム、観光CRM、ならびにマイクロツーリズムなどは、いずれも大きな意味でいえば、〝地域のファン〟を創出する取り組みである。

サステナブルな地域づくりのためには、そうした〝地域のファン〟を、通りすがりの観光客にとどまらせるのではなく、〝関係者〟として地域社会にいろいろなかたちでコミットメントしてもらう必要がある。いわゆる「関係人口の創出」という考え方だ。総務省の「関係人口ポータルサイト」では、次のように定義されている。

「『関係人口』とは、移住した『定住人口』でもなく、観光に来た『交流人口』でもない、地域と多様に関わる人々を指す言葉です。

地方圏は、人口減少・高齢化により、地域づくりの担い手不足という課題に直面していますが、地域によっては若者を中心に、変化を生み出す人材が地域に入り始めており、『関係人口』と呼ばれる地域外の人材が地域づくりの担い手となることが期待されています」

都市部の人口を地方へという人口政策によって、地域社会を継続させていくという考え方もあるが、これは本書の冒頭でも書いたように〝ゼロサムゲーム〟になってしまう可能性をはらんでいる。したがって、「住んでよし、訪れてよし」を実現させるには、総務省もバックアップする「関係人口」の創出へのアプローチが重要であるのだ。

「関係人口」の可能性を広げるためには？

関係人口を創出するなかで問題となるのは、どういった人をターゲットにするかという点だ。ヒントとなるのは、法政大学の教授で行動ファイナンス理論などが専門の真壁昭夫氏の著書『若者、バカ者、よそ者』（ＰＨＰ研究所）などでも指摘されている、地域にイノベーションをもたらす人材だ。

同書は、地域にイノベーションをもたらし、活性化させるのは「若者」「バカ者」「よそ者」と主張しているが、私自身も10年以上にわたってインバウンドを通じて地域創生に携わってきたなかで、そのことを実感させられたことは一度や二度ではなかった。

しかし、若ければいいのか、バカ者であればいいのか、よそ者であればいいのかというと、そんなことはない。彼らも、地元のコンセンサス（合意）を得ずに、身勝手な振る舞いをしていれば、当然にゆがみは生まれる。短期的には、その人の高い能力によって成功しているふうにみえるかもしれないが、いずれ壁にぶち当たる。

若者であってもバカ者であってもよそ者であっても、中長期的に成功している人たちは、全員がプロセスを大切にしている。１００％地元のコンセンサスを得ているかというと、そうでもない事例は少なくないが、最低限の筋を通すことで、地域からの「信頼」がベースにある。

いずれにしても、若者が持つような行動力や自由な発想、よそ者が持つような客観的な視点、バカ者が持つような枠からはみ出る力のある人間を「関係人口」にすることを目指すといいのである。理想的なのは定住者のなかにそうした人間が多数いることであるが、少子高齢化が進み、地方の人口減少が加速するなかでは容易には見つからない。

したがって、「リピーター」「地元出身者」「定住者のなかに友人や親戚がいる人」などが候補にあがるが、さらに視野を広げて考えてもいい。その地域の産品が好きな人、その土地出身のミュージシャンやタレントのコアなファン、ロケ地となった映画やアニメにハマっている人などにも、地域にイノベーションをもたらしてくれる人材がいるだろう。

従来、彼らは消費する側の人間であった。もちろん、消費することだけでも十分に地域に資しているわけであるが、本書のテーマである「再生」にまで踏み込んでもらうためには、価値を創造する側にまわってもらう必要がある。

既に触れたとおり、好むと好まざるとにかかわらず、コロナ禍によって、リモートワークや2拠点生活、ワーケーションといった働き方が、市民権を得るほどまでになった。これにより、「関係人口」の可能性も大きく広がっている。ハードルの高い「移住」を伴わなくとも、地域に貢献してもらう方法はあるということだ。

イタリアの人口約550人の町が行ったプロジェクト

コロナ禍において、とあるイタリアの小さな町が話題となった。南部のモリーゼ州にある人口約550人のサン・ジョヴァンニ・イン・ガルドだ。

2020年7月4日から10月3日まで、町にある約40ヵ所の宿泊施設で1週間の滞在を無料提供するというプロジェクトを発信したからだ。

6月12日の発表から2週間強で、世界中から約5000人の観光客を代表する計2000件以上の申し込みがあったと、地元の文化協会Amici del Morruttoは語っている。

同プロジェクトは、村の組合によるもので、過疎化で空き家になってしまった家を活用したものだ。興味深いのは、その参加条件である。宿泊施設を元通りの状態にすること、そして家屋の損害があった場合は宿泊者が補償することのほか、モリーゼ州のこの町に滞在したい動機を書いてもらうことを条件にしている。その動機を勘案して参加者を任意に選ぶという。もちろんそこには、町を訪れるだけでなく、モリーゼの製品を購入し、地元のレストランや店に足繁く通い、帰宅後には〝観光大使〟として行動してくれる人を呼び込みたいという狙いがある。ちなみにモリーゼ州の在住者や親類がモリーゼ州に在住している人は参加できない。

これはまさに、関係人口の創出のために行っているプロジェクトであるといえる。

余談であるが、香港で行われている世界で最も過酷といわれるトレイルランニングレースの「Hong Kong 4 Trails Ultra Challenge」がある。この298キロという過酷なチャレンジに参加するためには、「応募動機（エッセイ）」を主催者に送る必要がある。こうした取り組みも、関係人口の創出に示唆を与えてくれる（毎年、応募者が殺到する「東京マラソン」も抽選ではない方法を考えてみるのはどうだろうか）。

実は、2019年にはモリーゼ州で、小さな町や村で5年間事業を行うことを約束した人に最高2万4000ユーロ（約300万円）の事業資金を提供するプロジェクトを行っており、世界中から関心を集めている。

日本でも日本政策投資銀行を筆頭に、各種金融機関や団体が観光ファンドを組成し、観光地域づくりを行う事業者に対して資金面でのサポートを行っているが、こうした動きも、「関係人口の創出」という視点を入れることで、可能性が広がっていくだろう。

関係人口の〝予備軍〟と地域住民を結びつける

関係人口の候補となる〝予備軍〟ともいえる人たちを地域住民と結びつける取り組みは、関係人口創出のカギの1つとなる。先のイタリアの村の例でも、1週間の滞在を条件にすることで、地元との関わりをもたせようという狙いがある。

日本にも、関係人口の創出において独特な取り組みを行っている地域がある。２０１９年から私も支援している長崎県東彼杵郡《ひがしそのぎ》波佐見町《はさみ》だ。さまざまなプロジェクトが同時並行に推進されているが、なかでも注目なのが波佐見町のランドマークともいえる西の原で行われている「朝飯会《ちょうはんかい》」である。月1回、土曜日の朝6時半から行われ、既に２００回を超すこのイベントは、なんと町長が主催しているものだ。特にテーマは決めず、その日に集まったメンバーで、思い思いの話をする。方向性として「波佐見町をよくする」ということさえおさえておけば、なにを話してもいい。ここから政策が生まれることもある。

そして重要なのは、この場が地元だけでなく、外部にも開かれていることである。つまり、外部の方を巻き込むプラットフォームとして機能しているのである。

私も一度参加させていただいたが、そのときには50名ほどの参加者がいた。終わったのは12時で、熱い議論が繰り広げられた。私と同様、他のエリアから参加した方は、「波佐見町のもったいないところ」というプレゼンをしていた。

このような地域の場で、関係人口づくりにつながる企画イベントを定期開催するというのも1つのポイントだ。

ほかにも、地域の訪問者を地域住民と結びつけようという取り組みをしている事業者は少なくない。たとえば東大阪にあるＳＥＫＡＩ ＨＯＴＥＬでは、ゲストが商店街のなかにあるコロッケ屋やたこやき屋で利用できる〝まちごと食べあるきチケット〟というものをつくったり、そもそもホテルをつくりあげるときから地域の町工場の助力を得て関係性を深め、その後も地域の人たちを招待したご飯会を開催したりしている。その延長線上で、ホテルに訪れたゲストを、地元の人が集まる地元のお店に連れて行き、地域のコミュニティに触れてもらうような取り組みも行っているという。

あるいは、拙著『インバウンドビジネス入門講座第3版』でも触れた名古屋の古き良き円頓寺商店街には、ゲストハウス兼カフェレストラン「なごのや」がある。同施設を運営する田尾大介氏も、宿泊者を商店街のなかを回遊させることに気を配っていると話していた。具体的には、建物の2階にあるゲストハウスに入るには、1階のカフェレストランを通らないと入れない動線にしたり（カフェレストランがレセプション機能も兼ねている）、朝食と宿泊を完全に分けることで、商店街の飲食店に足を運んでもらうようにしたり、外部からの訪問者も参加できるような文化的なイベントを開催したりしている。

関係人口の創出にあたっては、行政が主体となった政策も大事であるかもしれないが、やはり現場で訪問者と接点を持つのは地域住民であり、その接点をうまくコーディネートするのも地域の事業者であり、そこで働く人たちである。地域のまとめ役となる人は、そのことを忘れてはいけない。

おわりに

本書では、28のキーワードをもとに「観光再生」への道を考えてきた。いずれも奇をてらったテーマではなく、いまこそ必要だと思うものを中心に取り上げたが、一歩引いて見てみると、〝コロナショック〟とは関係ない普遍的なものばかりである。

「はじめに」でも書いたが、観光再生への新たな動きや取り組みは、まもなく2021年をむかえる現在になって突如生まれたことではなく、これまでも議論されてきた「あるべき姿」に進む速度が一気に加速したと捉えたほうが自然だ。

いままで先送りにできたこと、先延ばしにしてきたことが、待ったなしの状況になったということである。

もしかしたら、「国が旗を振るからうちも観光をやる」と考えていた地域もあったかもしれない。もしかしたら、「観光はあくまで手段であって目的ではない」ということを忘れていた事業者もいたかもしれない。

立ち止まって考えていただきたいのは、「地域として観光がどれだけ重要なのか」ということ。観光以外にも地域経済を活性化し、暮らしを豊かにする方法はないだろうか。そうした議論を経て、地域における観光の位置づけを再度行う必要があるということだ。

このことは、地域全体で一枚岩になって今後の取り組みを考え、実施していくために欠かせない合意形成のプロセスである。

「目の前のビジネスを回すことに気をとられる」ということは、私自身も経営者として経験しており、強い共感を覚えるが、ぜひ、本書でお伝えしたキーワードを参考にしながら、今後の自地域・自社のあるべき姿を描いてもらいたい。

「ピンチはチャンス」とは、使い古された言葉であるが、まさにいま、日本の観光業はその段階にいる。そのなかで、この業界に携わるすべての人が上を向いて、未来のことを語り合い、利害関係を超えて日本の観光をつくっていかなければ、若くて有望な次世代へのバトンタッチは不可能だ。そこに、日本の観光産業の明るい未来はない。

本書が、これからの観光の「あるべき姿」を考えるうえでのヒントにつながれば、それ以上の喜びはない。そんな思いもあって、本書の収益の一部を「観光再生」に資する団体へ寄付させていただきたい。

最後に本書執筆にあたり、執筆協力ならびに出版企画の実現に多大なる貢献をしていただいた遠藤由次郎氏、観光業の先行きが見えづらいこのタイミングで出版企画にゴーサインを出していただいたプレジデント社の桂木栄一氏、海外事例を中心にリサーチにご協力いただいた千田千代氏、やまとごころのスタッフである堀内祐香さん、森田佳未さん、オンラインセミナーにご登壇いただいたゲストのみなさん、やまとごころ編集部の取材にご協力いただいたみなさん、ならびに温かく応援してくれた妻の綾と愛犬のフリフリに心からの謝辞を述べたい。

2020年10月18日

株式会社やまとごころ代表取締役　村山慶輔

著者略歴

村山《むらやま》 慶輔《けいすけ》

株式会社やまとごころ代表取締役。兵庫県神戸市出身。米国ウィスコンシン大学マディソン校卒。2000年にアクセンチュア株式会社戦略グループ入社。2006年に同社を退社。2007年より国内最大級の観光総合情報サイト「やまとごころ.jp」を運営。

「インバウンドツーリズムを通じて日本を元気にする」をミッションに、内閣府観光戦略実行推進有識者会議メンバー、観光庁最先端観光コンテンツインキュベーター事業委員をはじめ、国や地域の観光政策に携わる。「ワールドビジネスサテライト」「NHKワールド」など国内外のメディアへ出演。

著書に『超・インバウンド論』(JTBパブリッシング)、『インバウンドビジネス集客講座』(翔泳社)などがある。

「村山慶輔 公式サイト」 http://www.keisukemurayama.com/
「やまとごころ.jp」 https://www.yamatogokoro.jp/

[その他の委員および役職]

経済産業省「JAPANブランド等プロデュース支援事業」 シニアプロデューサー
観光庁・文化庁・スポーツ庁主催「スポーツツーリズムアワード」 審査委員
一般社団法人自治体国際化協会 プロモーションアドバイザー
一般社団法人東北インアウトバウンド連合 アドバイザー
一般社団法人日本ゴルフツーリズム推進協会 理事
一般社団法人アニメツーリズム協会 理事
一般社団法人アジアインバウンド観光振興会 理事
一般社団法人宿泊施設関連協会 理事
一般社団法人インバウンド・デジタルマーケティング協議会 副理事長
一般社団法人日中ツーリズムビジネス協会 顧問
NPO法人日本文化体験交流塾 理事
Trip.com Group Japan 特別顧問 他

11月
→超級視点(訳・小六)「ライブ配信で15億円を売り上げた『Trip.com』創業者:コロナ禍が観光業界の改革にチャンス」『36KrJapan』2020年6月
→Özgür Töre「Solmar Hotels & Resorts Goes Contactless」『ftnNEWS』2020年8月
→藤倉まなみほか「『インスタ映え』料理写真のSNS掲載による食べ残し増加の可能性」『廃棄物資源循環学会研究発表会講演集』2018年
→Antonia Wilson「Best vegan and vegetarian food tours in European cities」『The Guardian』2019年9月
→田中早紀「グルテンで不調、治療法は食の見直し 指導なしは危険」『日本経済新聞』2020年3月4日
→BELÉN G. HIDALGO「Crece un 54% el turismo sin gluten en Cangas del Narcea」『EL COMERCIO』2019年12月
→イヴォン・シュイナード(訳・森摂)『社員をサーフィンに行かせよう』東洋経済新報社/2007年3月
→ECOTOURISM WORLD「Sustainable Endorsements For Eco-Friendly Travel Planning」2020年8月
→ECOTOURISM WORLD「A Globally Desired Eco hotel in Jordan, The 2019 Winner of World Responsible Tourism Awards」2020年8月
→高坂晶子『オーバーツーリズム　観光に消費されないまちのつくり方』学芸出版社/2020年3月
→山口有次「特集:2020年コロナ禍とレジャー産業」『レジャー白書2020』公益財団法人日本生産性本部/2020年9月
→山田拓『外国人が熱狂するクールな田舎の作り方』新潮社/2018年1月
→ILTM『DEFINING THE GLOBAL LUXURY TRAVEL ECOSYSTEM』2019年
→「Luxury Travel Trends for 2020」『LUXURY TRAVEL MAGAZINE』2019年11月
→Natnicha Chuwiruch「Thailand Aims to Turn Away From Mass Tourism and Target the Wealthy」『Bloomberg』2020年6月
→廣瀬涼「Z世代の情報処理と消費行動(9)-若者の消費行動からみる流行についての試論」ニッセイ基礎研究所/2020年4月
→藻谷浩介・山田桂一郎『観光立国の正体』新潮社/2016年11月
→村山慶輔『インバウンドビジネス入門講座 第3版』翔泳社/2018年4月
→観光庁「世界水準のDMOのあり方に関する検討会 中間とりまとめ」2019年3月
→アスクル「みんなの仕事場」運営事務局「利用者が増える『おためし転職』~仕事の魅力を見つめ直せば採用のミスマッチはなくなる」『みんなの仕事場』2020年1月
→リンダ・グラットン『ワーク・シフト』プレジデント社/2012年8月
→WORLD ECONOMIC FORUM『Global Gender Gap Report 2020』2019年
→経済産業省経済社会政策室『ダイバーシティ2.0 一歩先の競争戦略へ』2020年9月
→SASHA BRADY「This pretty Italian village is giving tourists free accommodation if they visit this year」『lonely planet(Travel News)』2020年6月

主要参考文献

→観光庁・UNWTO駐日事務所『日本版持続可能な観光ガイドライン』2020年6月

→Elaine Glusac「Move Over, Sustainable Travel. Regenerative Travel Has Arrived」『The New York Times』／2020年8月

→宮崎裕二・岩田賢ほか『DMOのプレイス・ブランディング　観光デスティネーションのつくり方』学芸出版社／2020年6月

→藻谷浩介『進化する里山資本主義』ジャパンタイムズ出版／2020年5月

→筧裕介『持続可能な地域のつくり方』英治出版／2019年5月

→観光庁観光産業課『観光教育に関する実態調査 報告書』2018年3月

→ROCÍO AGUILERA「Barcelona mapea una ciudad sostenible junto con sus ciudadanos」『EL PAÍS』2019年10月

→村山慶輔『インバウンド対応実践講座』翔泳社／2020年3月

→高山知良「兵庫県篠山市「集落丸山」に見る農泊の成功法則」未来開墾ビジネスファーム／2018年6月

→岩手県政策企画部政策企画課『いわて幸福白書2020』岩手県／2020年5月

→呉羽正昭「日本におけるスキー観光の衰退と再生の可能性」『地理科学』／2009年10月

→林恭子「『Go To直前』観光地のいま、外国人客ゼロになった城崎温泉の独自策」ダイヤモンド・オンライン／2020年7月

→SHAPING VIENNA『Vienna Visitor Economy Strategy 2025』VIENNA TOURIST BOARD／2019年10月

→中小企業庁『中小企業BCP策定運用指針（第2版）』2012年3月

→高松正人「健康リスクを含めたBCPの定着を」『週刊TRAVEL JOURNAL』2020年4月

→国土交通省自動車局「地域から始める超小型モビリティ導入ガイドブック」2014年

→Micah Toll「Check out this solar-powered electric motorcycle-charging shipping container for eco-tourism」『ELECTREK』2020年6月

→Rachel Matheson「The Central Otago family-run startup sustaining the renewable energy dream」『THE SPINOFF』2020年7月

→国土交通省「令和元年版交通政策白書」2019年9月

→日高洋祐ほか『MaaS モビリティ革命の先にある全産業のゲームチェンジ』日経BP社／2018年11月

→高洋祐「観光で提供すべきはそこに行ける自由」『週刊TRAVEL JOURNAL』2020年2月

→SmartCitiesWorld news team「Transport partnership progresses plans for Scottish MaaS pilot project」『Smart Cities World』2020年8月

→経済産業省商務・サービスグループクールジャパン政策課『スマートリゾートハンドブック』2020年3月

→中島健祐『デンマークのスマートシティ』学芸出版社／2019年12月

→大社充（著）事業構想大学院大学（編）『DMO入門 官民連携のイノベーション』宣伝会議／2018年

観光再生

サステナブルな地域をつくる
28のキーワード

2020年 11月16日　第1刷発行
2022年 4月9日　第3刷発行

著　者　村山 慶輔
発行者　鈴木 勝彦
発行所　株式会社プレジデント社
〒102-8641　東京都千代田区平河町2-16-1
平河町森タワー13階
https://www.president.co.jp/
電話：編集(03)3237-3732　販売(03)3237-3731

編　集　桂木 栄一　遠藤由次郎
ブックデザイン　渡邉 雄哉(LIKE A DESIGN)
制　作　関 結香
販　売　高橋 徹　川井田美景　森田 巌　末吉 秀樹
印刷・製本　萩原印刷株式会社

ISBN978-4-8334-2385-4
Printed in Japan